Elfriede Beiweis
Kärntner Bäuerinnen kochen

Elfriede Beiweis

Kärntner Bäuerinnen kochen

Einfach gute Rezepte

EDITION LÖWENZAHN

Die Deutsche Bibliothek - CIP-Einheitsaufnahme

Beiweis, Elfriede: Kärntner Bäuerinnen kochen : einfach gute Rezepte / Elfriede Beiweis. - Innsbruck : Ed. Löwenzahn, 1996
ISBN 3-7066-2120-7

Andreas-Hofer-Straße 38, A-6011 Innsbruck
Printed in Austria

Satz: rud d'ax
Fotografien: Maria Ziegelböck
Umschlag: Ulrich Eichberger
Druck: Wiener Verlag

Gedruckt auf umweltfreundlichem, chlor- und säurefreiem Papier

Zum Geleit

„Ich wünsche dir nicht ein Leben ohne Müh und ohne Herausforderung. Aber ich wünsche dir, daß deine Arbeit nicht ins Leere geht. Ich wünsche dir die Kraft der Hände und des Herzens."

Jörg Zink

In diesem Sinne habe ich dieses Kochbuch geschrieben. Es möge allen, die es verwenden, viel Freude bereiten.
Bedanken möchte ich mich bei den Frauen und Männern, die mir Rezepte übermittelt und ausprobiert haben.
Ganz besonders herzlich bedanke ich mich bei Frau Fachschuldirektor Annelies Schmid. Sie hat mich zum Schreiben dieses Buches angeregt und die Texterfassung mit dem Computer übernommen.

Elfriede Beiweis
Februar 1996

Vorwort

Die „bäuerliche Küche" ist eng mit Tradition, Brauchtum und Kultur verbunden. Die Vielfalt und Originalität unserer Speisen ist etwas Besonderes und beliebt bei Gästen aus dem In- und Ausland. Lebensmittel aus der Region mit all ihren Vorzügen, wie natürlicher Produktion, Vollwertigkeit und Frische - kärntnerisch zubereitet, kommen dem heutigen Ernährungsbewußtsein sehr entgegen. Man besinnt sich allgemein zunehmend auf diese Werte - im Privathaushalt und auch in der Gastronomie. Selbst der anspruchvollste Genießer schätzt Kärntner Spezialitäten.

Typische Gerichte wie Reindling oder Kärntner Nudel sind allgemein bekannt und beliebt. In jedem Tal, in den einzelnen Gegenden, kennt man zusätzlich viele Speisen mit speziellen Namen wie Dalken, Milchmuas, Schmalzmuas, Hadnwickler, Milchfarfalan u.v.m. Den Festtagen im Jahres- und Lebenslauf sind wiederum besondere Gerichte vorbehalten.

Es liegt an uns Bäuerinnen, die traditionelle Speisenzubereitung unseres Landes mit eigenen Produkten zu bevorzugen und weiterzugeben. Diese Sammlung von bewährten Rezepten möge uns dabei helfen.

Ich danke der Autorin, Frau Elfriede Beiweis, für die Erarbeitung dieses Kochbuches und den landwirtschaftlichen Hauswirtschaftsschulen Kärntens für die Pflege und Erhaltung der überlieferten, bäuerlichen Kochkultur.

Den Bäuerinnen und all jenen, welche die Kärntner Küche schätzen, wünsche ich viel Freude mit dem „Bäuerinnenkochbuch" und gutes Gelingen.

Notburga Penker
Februar 1996

Inhaltsverzeichnis

Suppen

Hauptgerichte mit Fleisch und Fisch

Hauptgerichte – fleischlos

Nudel und Strudel

Beilagen, Soßen

Salate

Torten und Nachspeisen

Kleingebäck

Germgebäck

Brot

Jause, Getränke

Anhang

Abkürzungen

KL .... Kaffeelöffel
EL .... Eßlöffel
Msp. .... Messerspitze
Pkg. .... Packung

Die Mengen sind, wenn nicht anders angegeben, für 4 Personen.

Einleitung

Die Kärntner Küche war einfach. Gegessen wurde, was man selber erzeugte. An Wochentagen gab es kaum Fleisch. Frischfleisch gab es nur zu Schlachtzeiten, im Frühjahr Lamm und Kitz, hie und da einen Hahn oder eine Suppenhenne.

Sonntags wurde gekochtes Selchfleisch mit Gemüse und Kartoffeln gereicht. In die Selchsuppe kam geschnitteltes Brot oder Sterz. Selbst Schmalzgebackenes gab es nur an Feiertagen.

Die Kärntner Kost war aber nie einseitig. Der Eiweißbedarf wurde durch Milch und Milchprodukte gedeckt.

Zur Jause gab es außer Speck, Butter und Topfenaufstrichen im Sommer Salate und Schwarzbrot, im Winter Walnüsse und Schwarzbrot.

Die Speisen wurden mit Vollmehlen zubereitet. Bis in die fünfziger Jahre gab es noch sehr viele Hausmühlen. Im Winter reichte man viele Dörrobstspeisen wie Kompotte aus Apfelspalten und Dörrzwetschken, Kletzenpfeffer und vieles mehr.

Im Zweiten Weltkrieg änderte sich die Vorratshaltung. Früher hatte man das Fleisch geselcht, die Früchte getrocknet oder zu Marmelade verarbeitet, das Gemüse eingesäuert. Jetzt wurden Fleisch, Gemüse und Obst teilweise in Gläsern oder Dosen durch Sterilisation haltbar gemacht.

Anfang der fünfziger Jahre wurden in Kärnten die ersten Tiefkühlanlagen gebaut. Dies waren Gemeinschaftsanlagen auf genossenschaftlicher Basis. Jedes Mitglied konnte 1-2 Fächer (Inhalt ca. 150 l) mieten. Dieses Angebot wurde von den Bäuerinnen mit großer Begeisterung angenommen, obwohl diese Anlagen oft mehr als 5 km vom Hof entfernt waren und meist nur mit Pferdefuhrwerken erreicht werden konnten. Aber man hatte nun das ganze Jahr Frischfleisch, Obst und Gemüse - wenn auch tiefgekühlt.

Ende der sechziger Jahre - fast jeder Hof hatte nun seine eigene Tiefkühltruhe - verschwanden diese Anlagen.

Der Speisezettel auf den Höfen wurde durch das Tiefkühlen der Nahrungsmittel sehr verändert. Die Speisen waren auch nicht mehr an die Jahreszeit gebunden (z.B. Rhabarberstrudel oder Schwammerlgulasch).

Durch diesen Umstand, aber auch durch die aufkommende Mobilität der Menschen, wurde der Speisezettel teilweise vereinheitlicht.

In vielen Gegenden hörte das Brotbacken und das Buttern auf. Auch der Fremdenverkehr forderte seinen Tribut: aus Topfen wurde Quark, aus Obers Sahne. Ketchup und Pommes frites traten ihren Siegeszug an.

Doch seit einigen Jahren - auch durch die Direktvermarktung - erinnert man sich wieder der alten Rezepte. Getreidemühlen werden angeschafft. Es wird wieder Brot gebacken, gebuttert und vieles mehr.

Die Kärntner Küche wird wieder was sie war: einfach in ihrer Vielfalt und gesund.

Elfriede Beiweis

Suppen und Suppeneinlagen

Rahmsuppe

Den Süßrahm mit dem Mehl glatt verrühren; das Wasser mit den Gewürzen zum Kochen bringen und das Rahm-Mehl-Gemisch mit dem Schneebesen glatt einrühren; die Suppe gut aufkochen lassen.
Die Semmel(n) kleinwürfelig schneiden, in der heißen Butter knusprig rösten und zur Suppe servieren.

Wird Crème fraîche verwendet, muß das Mehl mit etwas kaltem Wasser glatt verrührt werden; verkochen lassen; Crème fraîche oder Sauerrahm dazugeben; Suppe darf nicht mehr kochen, da der Sauerrahm wegen seines geringen Fettgehaltes sonst ausflockt.

3/4 l Wasser
5 Wacholderbeeren
1 Lorbeerblatt
Kümmel
1/4 l Süßrahm oder
1 Becher Crème fraîche (125 g)
3 dag Mehl
1-2 altbackene Semmeln
2 dag Butter

Klare Rindsuppe - gekochtes Rindfleisch

2 *l* Wasser
1 *kg* Rindfleisch (*am besten* Hieferscherzl, Tafelspitz *oder* Weichrippe)
50 *dag* Rindsknochen
1 *kleine* Zwiebel
6 Pfefferkörner
2-3 Stück Muskatblüte (Macis)
1 Prise Anis
1 Zweig Liebstöckl
1 *kleines* Krautblatt
1 Tomate
1 *kleines* Büschel Gundelrebe
1-2 Knoblauchzehen, *geschält*
Salz
Wurzelwerk:
1 Karotte
1/2 Petersilwurzel
1/4 Sellerieknolle
etwas Porree

Die zerkleinerten Rindsknochen, das gewaschene und geputzte Wurzelwerk und die Gewürze in kaltem Wasser zustellen; das Rindfleisch erst dazugeben, wenn das Wasser kocht; fest aufwallen lassen, dann zurückschalten und die Suppe zugedeckt leicht weiterkochen lassen (auf Stufe 1/2-1). Wenn die Suppe zu stark kocht, wird sie trüb.
Die Suppe durch ein Sieb (am besten ausgelegt mit einem Stofftuch) seihen und nachwürzen.
Rindsuppe eignet sich für Bouillon mit Ei, für Suppen mit Einlagen (Milzschnitten, Fritatten usw.) aber auch als Grundlage für legierte Suppen.
Das in der Suppe gekochte Rindfleisch serviert man am besten mit Gemüse, Soßen, Salat, geröstete Erdäpfel usw. Reste vom Rindfleisch kann man feinblättrig schneiden, mit Essig, Öl und fein gehackter Zwiebel abmachen und als Rindfleischsalat servieren; größere Mengen kann man faschieren und zum Füllen von Strudeln oder Knödeln verwenden.

Die Garzeit für das Fleisch richtet sich unter anderem nach der Dauer der Lagerung des Fleisches und nach Geschlecht und Alter des Tieres. Je größer das Stück Fleisch ist, umso saftiger bleibt es.

Gurkensuppe

Das Mehl in der heißen Butter anlaufen lassen, mit der Suppe vergießen, mit Pfeffer und Muskat würzen; die Gurke schälen (kosten, ob sie nicht bitter ist), kleinwürfelig schneiden; die Gurkenwürfel mit Dill und Butter weichdünsten.
Die Gurkenschalen in der Suppe weichkochen, die Suppe passieren oder pürieren, den Sauerrahm einrühren; die Gurkenwürfel dazugeben.

6 dag Butter
5 dag Mehl
3/4 l Rindsuppe
Pfeffer
Muskat, gerieben
1 mittelgroße Gurke
3 dag Butter
2 EL fein gehackter Dill
1/4 l Sauerrahm

Italienische Weißbrotsuppe

Die Semmeln eventuell abrinden (die Suppe bleibt dadurch hell), kleiwürfelig schneiden und in der heißen Butter anschwitzen; mit der Flüssigkeit aufgießen, Kräuter und Gewürze dazugeben; die Suppe ca. 10 Minuten langsam kochen lassen, dann pürieren oder mit dem Schneebesen aufschlagen und legieren. Mit frischem Schnittlauch bestreut servieren.

Nach dem Legieren darf die Suppe nicht mehr kochen!
Rezept von Thekla Aichholzer, Eberndorf

2 Semmeln
4 dag Butter
1/16 Weißwein
3/4 l Wasser
1 EL Gemüsearomat
je 1 KL Liebstöckl, Kerbel, Schnittlauch, Basilikum
Salz
1 Msp. weißer Pfeffer
Muskatnuß

Legierung:
1/16 l Süßrahm
1 Eidotter
3 dag Parmesan

Kürbiscremesuppe

40 dag *fertig geputzter, würfelig geschnittener Kürbis*	Die fein gehackte Zwiebel in der heißen Butter glasig anlaufen lassen, mit Weißwein löschen; Wasser, Milch und den würfelig geschnittenen Kürbis dazugeben, weichkochen; die Suppe pürieren, würzen und mit dem Süßrahm kurz aufkochen lassen; eventuell mit gerösteten Weißbrotwürfeln servieren.
10 *dag fein gehackte Zwiebel*	
4 *dag* Butter	
1/16 *l Weißwein*	
1/2 *l* Wasser	
1/8 *l* Milch	
1/6 *l* Süßrahm	
Salz	
Kümmel	
1 Bund Dill, *fein gehackt*	

Unterkärntner Kürbissuppe

1 *kg* Kürbis, *kochfertig*	Den grob blättrig geschnittenen Kürbis mit Wasser und Gewürzen weichkochen, pürieren, eventuell das Mehl mit etwas kaltem Wasser anrühren, zur Suppe geben, kurz verkochen lassen, das Kürbiskernöl dazugeben und nochmals aufkochen; die Suppe würzen und abschmecken, in Portionen mit einer kleinen Haube aus Schlagobers, mit Kürbiskernen bestreut, servieren.
1 1/4 *l* Wasser	*Rezept von Frau Kapus*
ev. 1 EL Mehl	
1-2 EL Dill, *fein gehackt*	
Salz	
1/2 KL Kümmel, *gemahlen*	
1-2 EL *gutes* Kürbiskernöl	
1/8 *l steif geschlagener* Süßrahm	
1 EL *grob gehackte, gesalzene* Kürbiskerne *zum* Bestreuen	

Einmachsuppe aus Schweinshaxen

Die Zwiebel im heißen Öl hellgelb anlaufen lassen, das Mehl dazugeben und kurz anschwitzen lassen, mit dem kalten Wasser aufgießen; zum Kochen bringen; wenn die Suppe kurz überkocht ist, die mehrmals durchgehackten Schweinshaxen, das Gewürzsäckchen und die übrigen Gewürze bis auf den Essig dazugeben; 3 Stunden unter häufigem Umrühren (brennt leicht an!) leicht köcheln lassen; vor dem Anrichten mit etwas Essig abschmecken; überschüssiges Fett abschöpfen. Vor dem Anrichten würzt man am besten mit fein gehacktem grünen Basilikum oder mit fein gehackter grüner Petersilie.

1 kg Schweinshaxen
1 große Zwiebel, fein gehackt
1 EL Öl
1 EL Mehl
1,5 l Wasser
Salz
Essig nach Geschmack
etwas Ingwer oder Pfeffer
3 geschälte Knoblauchzehen
Gewürzsäckchen mit:
1 Lorbeerblatt, Thymian, Wacholderbeeren

Die Schweinshaxen werden mitserviert.
Dazu schmeckt am besten gutes Bauernbrot.

Rezept von Frau Pirolt, Schalkendorf

Porreesuppe

Porree fein schneiden, in 1 l Salzwasser halbweich kochen, die kleinwürfelig geschnittenen Erdäpfel beimengen, fertiggaren; Mehl im heißen Fett goldgelb anlaufen lassen, aufgießen und zur Porreesuppe geben, abschmecken; mit etwas rohem, grünem, fein gehacktem Porree garnieren.

50 dag Porree
25 dag Erdäpfel
8 dag Fett
5 dag Mehl
Salz
Pfeffer

Rezept von Heidemarie Hafner, Tschrestal

Hühnereinmachsuppe mit Bröselknödeln

1 *küchenfertiges Huhn (ca. 1 kg)*
1 *Karotte*
1/2 *Sellerieknolle*
1/2 *Petersilwurzel*
2-3 *Federn Porree*
1/2 *Zwiebel*
1 *Zweig Liebstöckl*
1 *Prise Anis*
1 *Prise Macisblüte*
5 *Pfefferkörner*
1 *große, fleischige Tomate*
1,5 *l Wasser*
20 *dag Süßrahm*
1 *EL Mehl*

Bröselknödel:
6 *dag Butter*
2 *Eier*
2 *eingeweichte, passierte Semmeln*
6 *dag Brösel*
Salz
Muskat, gerieben
fein gehackte, grüne Petersilie

Das geviertelte Huhn mit allen Zutaten kalt zustellen und weichkochen; dann die Suppe abseihen, wieder zum Kochen bringen; Süßrahm mit Mehl glatt verrühren und in die Suppe einrühren; das Huhn auslösen, das Fleisch kleinwürfelig schneiden, die Karotte fein blättern und alles in die Suppe geben, 5 Minuten verkochen lassen; die fertigen Bröselknödel einlegen und mit Petersilie servieren.

Bröselknödel:
Butter schaumig rühren, die Eier nach und nach mit den Bröseln gut einrühren; würzen; die gut ausgedrückten, passierten Semmeln unterrühren; die Masse mindestens 30 Minuten rasten lassen; dann daraus kleine Knödel formen, in reichlich kochendem Wasser 5 Minuten schwach kochen und 5 Minuten ziehen lassen.

Geröstete Farferlsuppe - Wasserfarferln

Mehl in eine Rührschüssel geben, das mit Wasser verquirlte Ei unter fortwährendem Rühren (am besten mit den Knethaken des Handmixers) in das Mehl laufen lassen, sodaß kleine Teigfetzchen entstehen.
In heißem Fett die fein gehackte Zwiebel anschwitzen, die abgeseihten Farferln dazugeben, leicht anrösten, mit Wasser aufgießen, würzen und verkochen lassen; mit fein gehacktem Schnittlauch servieren.

20 dag Mehl
1 Ei
1-2 EL Wasser
10 dag Fett
1 Zwiebel
1 l Wasser
Salz
Muskatblüte
Schnittlauch

Brandteigkrapferln

Wasser, Butter und Salz zum Kochen bringen, das Mehl einrühren; rühren, bis sich der Teig von Topf und Kochlöffel löst; vom Herd nehmen und etwas überkühlen lassen; die Eier einzeln einrühren; mit einem Spritzsack sehr kleine Sternchen auf ein gut befettetes Backblech spritzen, bei ca. 220°C im vorgeheizten Backrohr die Krapferln hellbraun backen.

1/8 l Wasser
2 dag Butter
Salz
11 dag Mehl
2 Eier

Kümmelstangerln

Butter, Germ, Mehl, Salz und Sauerrahm zu einem Teig verkneten, diesen kleinfingerdick ausrollen, 5 cm lange Streifen radeln, diese mit dem verquirlten Eidotter bestreichen, mit Kümmel bestreuen, fingerdicke Stangerln herunterradeln, auf einem befetteten Blech im vorgeheizten Rohr bei 200°C ca. 20 Minuten hellgelb backen.

12 dag Butter
3 dag Germ
24 dag Mehl
Salz
4 EL Sauerrahm
1 Eidotter zum Bestreichen
Kümmel zum Bestreuen

Kümmelstangerln können in klaren Suppen serviert oder auch als salziges Kleingebäck gereicht werden.

Käsestangerln

5 *dag* Mehl	Mehl, Salz, geriebenen Käse und Paprikapulver mischen, Butter hineinschneiden, Masse abbröseln, daraus ganz rasch einen Teig kneten; 30 Minuten im Kühlschrank rasten lassen, ausrollen, ovale Formen ausstechen oder Stangerln radeln, mit Eigelb bestreichen; auf ein befettetes Backblech legen, im vorgeheizten Rohr bei 200°C ca. 15 Minuten backen.
Salz	
5 *dag* Edamer Käse	
1 Msp. Paprikapulver, mild	
5 *dag* Butter	
Eidotter zum Bestreichen	

Käsestangerln können zu klaren oder fein gebundenen Suppen oder als salziges Kleingebäck gereicht werden.

Frittaten

2 Eier	Alle Zutaten glatt mit der Schneerute oder dem Handmixer verquirlen; in einer Omelettenpfanne 1 Kaffeelöffel Öl heiß werden lassen, mit einem Schöpfer den flüssigen Teig dünn verteilen und die Palatschinken goldgelb backen; die erkalteten Palatschinken aufeinanderlegen, einrollen und dünn-nudelig schneiden; in der heißen Suppe servieren.
8 *dag* Mehl	
1/8 *l* Milch	
Salz	
Öl zum Herausbacken	

Eingetropftes

1 Ei	Das Ei wird mit dem Mehl glatt verquirlt, am besten in einem kleinen Schnabeltopf; die Masse mindestens 1, besser 2 Stunden rasten lassen; die abgeseihte Rindsuppe zum Kochen bringen und den Tropfteig mit kreisenden Bewegungen in die kochende Suppe einlaufen lassen, umrühren; einmal aufkochen lassen.
3 *dag* Mehl	
1 *l* Rindsuppe	

Schinkenschöberl

6 dag Butter
2 Semmeln
2 Eier
10 dag Schinken oder gekochtes Selchfleisch
Salz, Ingwer
1-2 EL Petersilie, fein gehackt
1-2 EL Brösel nach Bedarf
Butter und Brösel für die Form

Die Semmeln einweichen, ausdrücken und passieren; den Schinken kleinwürfelig schneiden; einen Abtrieb aus Butter und Dotter bereiten, würzen, den Schinken und die passierten Semmeln unterrühren, die Brösel und zum Schluß den steif geschlagenen Eischnee unterheben; in die Bischofsbrotform füllen, im vorgeheizten Rohr auf der unteren Schiene bei 180°C ca. 30-40 Minuten backen, überkühlt in kleine Würfel schneiden und zur heißen Suppe servieren.

Grießnockerln

1 Ei
3 dag Butter
7 dag Grieß
Salz
Muskat, gerieben

Butter schaumig rühren, mit Salz und geriebener Muskatnuß würzen und mit Grieß und Ei gut verrühren; aus der Masse mit der Teigkarte ein glattes Häufchen formen und mindestens 1 Stunde rasten lassen, dabei nicht umrühren; dann mit einem kleinen, nassen Löffel Nockerln formen, in kochendes Salzwasser einlegen und zugedeckt ca. 1/4 Stunde in leicht kochendem Wasser ziehen lassen.

Frau Prasser aus dem Krappfeld kocht die Grießnockerln in kochendes Salzwasser ein, schreckt mit kaltem Wasser (1/3 der Menge des kochenden Wassers) ab, deckt den Kochtopf zu und läßt das Gefäß ca. 3/4 Stunde am Herdrand stehen (beim Elektroherd zwischen den Kochplatten).

Leberknödel

15 *dag* Schweinsleber, *passiert*	Die Semmeln einweichen, ausdrücken und passieren; die Zwiebel in Fett hellgelb anrösten, auskühlen lassen; alle Zutaten vermengen, die Masse mindestens 30 Minuten rasten lassen; mit einem nassen Suppenlöffel auf der Hand Knödel formen, in die kochende Suppe einlegen und je nach Größe 10-20 Minuten ziehen lassen.
2 *altbackene Semmeln*	
2 Eier	
8 *dag* Fett	
1 EL *fein gehackte Zwiebel*	
2 Knoblauchzehen	
Salz	
Ingwer	
Majoran	
6-8 *dag* Brösel	

Hollersuppe

3 *l kalt gepreßter* Hollersaft	Alle Zutaten 2-3 Minuten kochen, die Gewürze herausnehmen und die Hollersuppe kaltstellen.
3 *l* Wasser	Sie wird zur Jause mit „geschnitteltem" Schwarzbrot (ganz dünne Brotschnitzen) serviert.
50-60 *dag* Zucker (*nach* Geschmack)	Man kann die Hollersuppe auch kochend heiß in Flaschen abfüllen, luftdicht verschließen und aufbewahren.
1/2 Handvoll Salbeiblätter *oder braune* Minze	
2-3 Stengel Sellerielaub	

Am Bauernhof wurden die reifen Hollerdolden mit der Hand (Gummihandschuhe) in einer Schüssel ausgedrückt, der Saft wurde abgeseiht; über den Preßrückstand wurde die gleiche Menge Wasser wie Saft geschüttet und dieses „Schwemmwasser" dann zum Saft geleert. Diese Flüssigkeit wurde wie oben weiterverarbeitet.

Hauptgerichte mit Fleisch und Fisch

Gebeizter Lungenbraten

Die Zutaten für die Beize gemeinsam 10 Minuten kochen; die ausgekühlte Flüssigkeit über das Fleisch gießen. Das Fleisch eine Woche in der Beize liegen lassen (im Sommer im Kühlschrank), täglich umdrehen.
Den Lungenbraten aus der Beize nehmen und abtrocknen; den Speck zum Spicken kurz in das Gefrierfach legen (läßt sich leichter schneiden und einziehen), in 1/2 cm starke und 5-6 cm lange Streifen schneiden; den Braten mit der Messerspitze oder einer Spicknadel eng spicken; Wurzelwerk feinnudelig schneiden oder groß raspeln; den Braten in heißem Fett rundherum anbraten, herausnehmen; Wurzelwerk mit dem Zucker im selben Fett bräunen, mit etwas Beize vergießen; das Fleisch einlegen und so lange garen lassen, bis man mit der Gabel leicht durchs Fleisch stechen kann; Fleisch herausnehmen; Wurzelwerk entweder passieren oder mixen: Soße würzen, eventuell etwas mit Mehl stauben und verkochen lassen; das Fleisch in 1 cm dicke Scheiben schneiden und in der fertigen Soße kurz ziehen lassen. Nach dem Passieren werden Rotwein, Rahm und Preiselbeeren beigefügt, die Soße wird abgeschmeckt.

1 Rindslungenbraten (ca. 80-100 dag)
10-15 dag Speck zum Spicken
50 dag Wurzelwerk (Karotten, Sellerie, Petersilienwurzeln)
10 dag Schweinefett
2 EL Zucker
1 EL Senf
2 EL dag Preiselbeeren
etwas Rotwein
20 dag Süßrahm

Beize:
1 1/4 l Wasser
1/8 l Apfelessig
25 dag Wurzelwerk (Karotten, Petersilie, Sellerie)
etwas Ysop
1 Lorbeerblatt
12 Pfefferkörner
Zitronenschale oder 1 Zitronenscheibe
Salz

Gefüllter Schweinsbauch

- 1 kg ausgelöster Schweinsbauch
- Salz
- Ingwer
- Kümmel
- Knoblauch
- Thymian
- Lorbeerblatt
- Zwiebel

Fülle:

- 35 dag Faschiertes
- Salz
- Ingwer
- Kümmel
- Knoblauch
- 2 Eier

In den Schweinsbauch eine Tasche schneiden würzen; alle Zutaten der Fülle fest verkneten, die Masse in die Bauchtasche füllen und zunähen; in eine Bratpfanne fingerhoch Wasser geben; den Bauch mit der Schwarte nach unten hineinlegen; Lorbeerblatt und grob geviertelte Zwiebel beifügen; im vorgeheizten Rohr bei 200°C braten.

Wenn die Oberseite schön gebräunt ist, den Braten umdrehen und in die nun weiche Schwarte 3-4 mm tief ca. 1 cm^2 große Rhomben einschneiden (= schröpfen); immer wieder begießen und fertigbraten.

Schmeckt auch kalt zur Jause gut.

Für 6-8 Personen

Faschierter Braten

- 40 dag Faschiertes
- 1 eingeweichte, passierte Semmel
- 2 Eier
- 5 dag fein gehackter Speck
- 5 dag Fett
- 1 fein gehackte Zwiebel
- Salz
- Ingwer
- Majoran
- Knoblauch
- 1 Bund fein gehackte Petersilie

Zwiebel in Fett hellgelb anlaufen lassen; Speckwürfel beifügen und glasig werden lassen, überkühlt mit den übrigen Zutaten zu einem Teig kneten (längeres Kneten gibt dem Fleischteig eine geschmeidige Konsistenz); Masse nun entweder in eine befettete Form geben und bei 200°C im vorgeheizten Rohr 60 Minuten garen oder mit Hilfe von Mehl oder Brösel flache Laibchen formen und diese im heißen Fett beidseitig braten.

Krautrouladen

Die Krautblätter im kochenden Salzwasser blanchieren (kurz überbrühen) und auf einem Tuch abtropfen lassen; für die Fülle Zwiebel in der Butter goldgelb anlaufen lassen, mit allen Zutaten zu einem Teig verkneten, daraus vier Rollen formen, diese in die Krautblätter wickeln; die Rouladen in eine gefettete Auflaufform geben und mit etwas Wasser bei 200°C im vorgeheizten Rohr ca. 45 Minuten weichdünsten, Süßrahm und Mehl zu einem Mehlteigerl verrühren und kurz vor dem Garwerden über die Rouladen geben; fertigdünsten.

4 große Krautblätter
Salzwasser

Fülle:
40 dag Faschiertes
6 dag Butter
1 fein gehackte Zwiebel
1 Ei
Knoblauch
Salz
Ingwer
1 Bund gehackte Petersilie
1 eingeweichte, passierte Semmel
1/8 l Süßrahm
1 KL Mehl

Kärntner Geschnetzeltes

Fleisch feinnudelig schneiden; Zwiebeln im heißen Fett goldgelb anlaufen lassen; das Fleisch dazugeben und kurz anlaufen lassen, bis es grau ist; mit Wasser oder Suppe vergießen, sodaß die Flüssigkeit knapp über dem Kochgut steht; würzen und dünsten; wenn das Fleisch halb gar ist, das Mischgemüse und die gewaschenen, geblätterten Pilze dazugeben; fertigdünsten, Süßrahm und Mehl zu einem Teigerl verrühren und damit das Geschnetzelte eindicken; abschmecken.

Das Geschnetzelte mit gedünstetem Reis und grünem Salat servieren.

50 dag Schweinsschulter
2 mittlere, fein gehackte Zwiebeln
5 dag Öl
12 dag Champignons oder Steinpilze
12 dag Mischgemüse
Salz
1/8 l Weißwein
Suppe oder Wasser zum Aufgießen
1/8 l Süßrahm
1 dag Mehl
1 Bund Petersilie, gehackt
Ingwer

Gegrillte Schweinskotelettes mit verschiedenen Soßen

6 schöne, große Schweinskotelettes
Salz
Knoblauch
Kümmel, gemahlen
Thymian, gerebelt

Mayonnaise für die Soßen:
2 Eier, 3/8 *l* Öl
1 *gehäufter* KL *Senf*
2 KL *Zitronensaft*
Salz
1 *Msp. weißer Pfeffer*

Krensoße:
3 EL *Mayonnaise*
1-2 EL *geriebener Kren (frischer Kren ist ausgiebiger)*
2 EL *Süßrahm*
2 EL *Joghurt*
etwas Zitronensaft
Salz, Zucker

Orangen-Knoblauchsoße:
3 EL *Mayonnaise*
Saft von 3 mittleren Knoblauchzehen
2 EL *Sauerrahm*
1 EL *fein gehackte Zwiebel*
1 *hartgekochtes, fein gehacktes Ei*
4 EL *Orangensaft*

Die Kotelettes am Vortag mit allen Gewürzen einreiben, in einer Schüssel aufeinanderlegen und zugedeckt kalt stellen.
Kotelettes grillen. Zum Mittagessen Salzerdäpfel dazu servieren, bei einer Grillparty Jourgebäck.

Mayonnaise:
Zu den Eiern Salz und Senf geben; das Öl zuerst tropfenweise mit dem Quirl des Handmixers einrühren - wenn die Masse bereits sämig ist, kann man das Öl auch in einem dünnen Strahl einlaufen lassen.
Die fertige Mayonnaise wird mit Zitronensaft und Pfeffer abgeschmeckt.
Die Masse ergibt ca. 12 Eßlöffel Mayonnaise; je 3 Eßlöffel werden für die einzelnen Soßen verwendet.

Soßen:
Die jeweiligen Zutaten verrühren und abschmecken, in einer Glasschüssel anrichten und kaltstellen.

Für 6 Personen

Tomaten-Weinbrandsoße:
3 EL *Mayonnaise*
1 EL *Joghurt*
1 EL *Süßrahm*
1 EL *Ketchup*
1 *gestrichener* KL *Paprikapulver mild*
1-2 KL *Weinbrand*

Tomaten-Schnittlauchsoße:
3 EL *Mayonnaise*
2 EL *Ketchup*
1 EL *Tomatenmark*
1-2 EL *fein gehackter Schnittlauch*
ev. etwas Salz
Zucker nach Geschmack

Bratl vom Schwein

Fleischstücke würzen, in eine Bratpfanne mit Deckel ein Finger hoch Wasser geben; die Fleischstücke mit Thymian, Lorbeerblatt, Zwiebel hineinlegen; bei wenig Hitze (früher am Herdrand) unter vorsichtigem Nachgießen von wenig Wasser durchbraten; die Fleischstücke öfters lockern und umdrehen.

60 dag kleinere Fleischstücke vom Schwein
Salz
Ingwer
Kümmel, gemahlen
3-4 Knoblauchzehen
Thymian
Lorbeerblatt
1 Zwiebel, geviertelt
Wasser zum Aufgießen

Schweinsbraten

Das Fleisch mit Salz, Ingwer, Kümmel und gepreßtem Knoblauch einreiben; mit den restlichen Gewürzen und einfingerhoch Wasser in eine Bratpfanne (oder Eisenkasserolle) geben, im vorgeheizten Rohr bei 220°C unter ständigem Aufgießen braten; dann das Fett vom Bratensaft abschöpfen und diesen mit etwas Wasser aufkochen oder mit einem gehäuften Kaffeelöffel Mehl oder Maizena (in wenig kaltem Wasser verrührt) etwas eindicken.

75 dag Schopf- oder Bauchfleisch
Salz
Ingwer
Kümmel, gemahlen
Knoblauch
Thymian
Lorbeerblatt
Zwiebel
etwas Wasser

Fischl in Knoblauchsoße

60 *dag* Schweinsfischl (= Lungenbraten)	Das Fischl in daumendicke Scheiben schneiden; diese ziemlich dünn ausklopfen und mit Salz, Ingwer und zerdrücktem Knoblauch würzen; die Fleischscheiben einseitig in Mehl tauchen und auf beiden Seiten im heißen Fett kurz hellbraun braten; das Fleisch aus der Pfanne nehmen, den Bratenrückstand mit dem Weißwein und Wasser oder Suppe löschen; in die Soße 6 große oder 9 mittlere Zehen Knoblauch pressen, Fleisch in die Soße legen und ca. 20-25 Minuten weichdünsten; eine Viertelstunde vor dem Garwerden den Süßrahm dazugeben.
Salz	
Ingwer	
Knoblauch	
10 *dag* Fett	
5 *dag* Mehl	
1/4 *l* Weißwein	
etwas Wasser oder Suppe	
1/4 *l* Süßrahm	

Gekochtes Selchfleisch

60 *dag* Selchfleisch	Das Selchfleisch abwaschen; das Wasser mit dem Wurzelwerk und dem Liebstöcklkraut zum Kochen bringen; das Fleisch einlegen und weichkochen. *Als Beilagen Sauerkraut, Saure Rüben, Erdäpfel in jeder Form oder Erdäpfelsoße anbieten.*
Wurzelwerk (Porree, Sellerie, Karotten, ev. Petersilwurzel)	
Liebstöcklkraut	
Wasser	

Gebratenes, geselchtes Karree

80 *dag* geselchtes Karree	Das Karree mit dem Wurzelwerk weichkochen; dann im heißen Fett im Rohr unter öfterem Aufgießen und Zugießen von heißem Wasser braten; das Fett abschöpfen, den Saft mit etwas Wasser aufkochen.
Wurzelwerk (Porree, Sellerie, Karotten, ev. Petersilwurzel)	
5 *dag* Fett	

Rindsgulasch

Das Rindfleisch großwürfelig schneiden, mit den Gewürzen vermischen und zudecken; Zwiebel ringelig schneiden, in heißem Fett goldgelb anrösten, Paprika dazugeben, durchrühren, mit einem Schuß Essig löschen; das Fleisch beimengen und unter mehrmaligem Umrühren grau werden lassen, dann aufgießen; das Gulasch zugedeckt dünsten lassen; eventuell noch etwas heißes Wasser nachgießen, oft umrühren. Das Fleisch soll nicht zu weich sein.

- 50 *dag Rindfleisch, z.B. vom Wadschinken*
- *Salz*
- *Kümmel, gemahlen*
- *Majoran*
- 3-5 *mittlere Knoblauchzehen, gepreßt*
- 50 *dag Zwiebel*
- 1 KL *Paprikapulver, edelsüß*
- 1 *Schuß* Essig
- 8 *dag Öl oder Schweinefett*
- *ca.* 0,5 *l Wasser zum Aufgießen*

Gespicktes Rindsherz in Wurzelsoße

Das Rindsherz von der Fettschichte und der dicksten Haut befreien, mit Salz und Ingwer einreiben; mit dem Speck spicken und im heißen Öl rundherum anbraten; Herz aus der Pfanne nehmen und in dem Öl das nudelig geschnittene Wurzelwerk und die grob gehackte Zwiebel anrösten; mit Wasser aufgießen, das Herz hineingeben und weichdünsten. Nach dem Fertiggaren den Saft entfetten, stauben, aufgießen, gut verkochen lassen, passieren, Süßrahm einrühren, abschmecken und durchziehen lassen; das Herz in dünne Scheiben schneiden und in die Soße legen.

Dazu schmecken ausgezeichnet Serviettenknödel und Preiselbeeren.

- 75 *dag Rindsherz*
- *Salz*
- *Ingwer*
- 7 *dag Speck*
- 5 *dag Öl*
- *Wurzelwerk* (*Porree, Sellerie, Möhren, ev. Petersilwurzel*)
- 1 *mittlere Zwiebel*
- *ca.* 1/2 *l Wasser*
- 1/8 *l Süßrahm*
- 1 EL *Mehl*

Hirnauflauf

30 *dag* Schweins-, Kalbs- oder Rinderhirn	Das Hirn enthäuten und fein hacken; die Zwiebel in Fett goldgelb anlaufen lassen; das Hirn anrösten, würzen und auskühlen lassen; aus Butter, Dotter, Salz einen Abtrieb bereiten; das Hirn, die passierten Semmeln und alle übrigen Zutaten unter den Abtrieb mischen, zuletzt den sehr steif geschlagenen Schnee unterheben; die Masse in eine befettete, bebröselte Form geben und im vorgeheizten Rohr bei 200°C ca. 60 Minuten backen.
3 *dag* Fett	
1 fein gehackte Zwiebel	*Zum Auflauf schmeckt grüner Salat sehr gut.*
1 Bund fein gehackte Petersilie	
Salz	
Ingwer	
7 *dag* Butter	
3 Dotter	
Salz	
3 eingeweichte, passierte Semmeln	
10 *dag* gekochtes, geselchtes Fleisch	
1 Handvoll grüne Erbsen	
3 Eiklar	
Butter und Brösel für die Form	

Schinkenomeletten

1/4 *l* Wasser oder Milch	Die Flüssigkeit mit dem Mehl, den Eiern und dem Salz glatt versprudeln, den Schinken untermengen; in einer Omelettenpfanne Fett oder Öl nicht zu stark erhitzen, je einen Schöpfer voll Teig darin zu Omeletten goldgelb backen; die Omeletten zur Hälfte zusammenschlagen und sofort mit Salat servieren.
3 Eier	
15 *dag* Mehl	
Salz	
25 *dag* fein gehackter Schinken	
Fett oder Öl zum Backen	

Brandteigkrapferln mit Hascheefülle

Für den Brandteig Wasser mit Salz und Butter zum Kochen bringen, das Mehl einrühren und so lange auf der Herdplatte weiterrühren, bis sich der Teig als glatter Klumpen von Topf und Kochlöffel löst; den Teig in eine Rührschüssel geben und ein Ei nach dem anderen gründlich einrühren, bis der Teig zu glänzen anfängt (wenn der Brandteig bereits nach dem 4. Ei glänzt, das 5. nicht mehr unterrühren); mit zwei Löffeln Häufchen auf ein gut befettetes Blech geben; im vorgeheizten Rohr bei 220°C (Heißluft 190°C) ca. 45 Minuten backen, dabei mindestens 20 Minuten das Backrohr nicht öffnen und die Hitze auf ca. 175°C (Heißluft 145°C) reduzieren, wenn das Backgut hoch aufgegangen und bereits hellbraun ist.
Für die Fülle die Zwiebel in heißem Fett goldgelb anlaufen lassen, das Fleisch dazugeben und rösten, bis es grau ist, dann mit dem Mehl stauben; weiterrösten, bis man das Mehl nicht mehr sieht, aufgießen, würzen und die Flüssigkeit verkochen lassen; die vorbereiteten Brandteigkrapfen noch heiß damit füllen und sofort servieren.

Als Beilage empfiehlt sich gedünstetes Gemüse, z.B. Karotten oder Kohlrabi.

Brandteig:

1/4 *l* Wasser
4 *dag* Butter
Salz
22 *dag* Mehl
4-5 Eier

Fülle:

5 *dag* Fett
1 *fein gehackte* Zwiebel
45 *dag* Faschiertes
2 *dag* Mehl
1/8 *l* Wasser
1 Bund *fein gehackte* Petersilie
Salz
geriebene Schale von einer Zitrone
1-2 EL *fein gehackte* Kapern

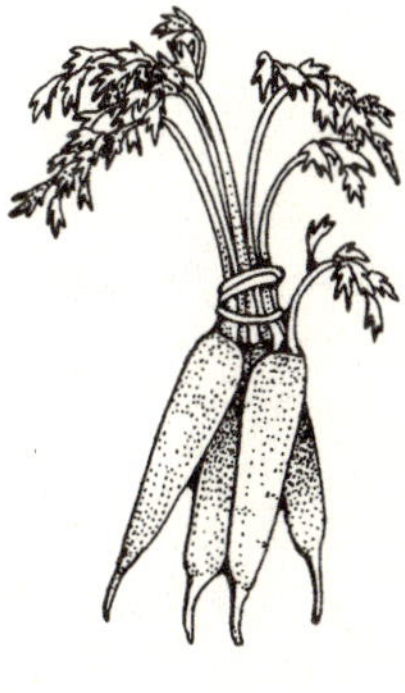

Kalbsbraten mit Rahmsoße

80 dag Kalbsschlegel	Das Fleisch abhäuten, mit dem sehr kalten, in Streifen geschnittenen Speck spicken, würzen; Fett in einer Bratpfanne oder Kasserolle erhitzen, den Braten hineingeben und in der vorgeheizten Röhre bei 220°C braun braten; mit Käse bestreuen, mit Rahm übergießen, die Soße abschmecken und kurz aufkochen lassen.
5 dag Speck	
5 dag Schweinefett oder Öl	
3 dag Käse	
1/8 l Sauerrahm	
Salz	
Ingwer	
ev. Muskatnuß, fein gerieben	

Lungenbraten mit Rahmsoße

80 dag Rindslungenbraten	Fleisch abtupfen, abhäuten; mit dem sehr kalten, in Streifen geschnittenen Speck spicken, salzen und mit Ingwer würzen; Fett in einer Bratpfanne oder Kasserolle erhitzen, Wurzelwerk und Zwiebel darin anrösten; das Fleisch dazugeben und mit Wasser oder Suppe aufgießen; im vorgeheizten Rohr bei 220°C ca. 90 Minuten dünsten lassen; das Fleisch herausnehmen, den Saft abgießen, den Bratenrückstand stauben, kurz anlaufen lassen; mit dem Saft und wenn nötig mit etwas Wasser aufgießen, die Soße passieren, Crème fraîche dazugeben, aufkochen; das inzwischen in 1 cm dicke Scheiben geschnittene Fleisch wieder einlegen und einige Minuten ziehen lassen.
15 dag Speck gut gekühlt	
1/2 mittlere Sellerieknolle	
1 große Karotte	
10 dag Zwiebel, fein gehackt	
Salz	
Ingwer	
1 Becher Crème fraîche	
Wasser oder Suppe zum Aufgießen	
1 dag Mehl	

Rostbraten mit Reisfülle

Für die Fülle Zwiebel in heißer Butter goldgelb anlaufen lassen, Reis dazugeben, aufgießen, weichdünsten, mit dem fein gehackten Selchfleisch vermischen.
Die Rostbraten klopfen, salzen, pfeffern, mit Fülle bestreichen, einrollen, binden; Wurzelwerk und Zwiebel in Fett anrösten, die Fleischrollen dazugeben und unter öfterem Aufgießen in einer zugedeckten Pfanne auf dem Herd oder im Backrohr bei 200°C dünsten (Garzeit richtet sich nach der Fleischqualität); die Rollen herausnehmen, mit dem Mehl den Saft stauben bzw. das Mehl darin anlaufen lassen, aufgießen, passieren, mit Rahm verfeinern, kurz aufwallen lassen, abschmecken und die Rostbratenrollen damit übergießen.

Als Beilage paßt dazu besonders gut Erdäpfelpüree.

- *75 dag Rostbraten (4 Portionen)*
- *Salz*
- *Pfeffer*
- *Wurzelwerk (1/4 mittlere Petersilwurzel, 1/2 mittlere Karotte, 1/4 mittlere Sellerieknolle)*
- *5 dag Zwiebel, fein gehackt*
- *5 dag Schweinefett oder Öl*
- *1/8 l Süßrahm*

Schöpsernes mit Wurzelwerk

Das Schöpserne in mittelgroße Würfel schneiden, mit Salz, Pfeffer, der fein geschnittenen Zwiebel und dem fein geschnittenen Wurzelwerk halbweich kochen (ca. 40 Minuten), den fein geschnittenen Kohl und die würfelig geschnittenen Erdäpfel dazugeben und fertiggaren (ca. 30 Minuten), mit zerdrücktem Knoblauch und geriebener Muskatnuß abschmecken.

- *75 dag Schöpsenschulter (= Schafschulter)*
- *1 l Wasser*
- *Salz*
- *Pfeffer*
- *1 kleine Zwiebel*
- *1 kleine Petersilwurzel*
- *1/2 Kohlkopf*
- *1 kleine Sellerieknolle*
- *1 kleine Karotte*
- *50 dag Erdäpfel*
- *Knoblauch, Muskatnuß*

Rehrücken in Wurzelsoße

1 *kg* Rehrücken
6 *dag* Speck
Salz
Pfeffer
3 Wacholderbeeren
5 *dag* Schweinefett *oder* Öl
Wurzelwerk (1/2 *mittelgroße* Petersilwurzel, 1/2 *mittelgroße* Karotte, 1/4 *mittelgroße* Sellerieknolle)
1 *kleine* Zwiebel, *grob gehackt*
Thymian
Lorbeerblatt
2 *dag* Butter
1 *dag* Mehl
Wasser *zum Aufgießen*

Rehrücken abhäuten, mit sehr kaltem, in Streifen geschnittenem Speck spicken, salzen, pfeffern, mit gestoßenen Wacholderbeeren einreiben; den Rehrücken im heißen Fett auf allen Seiten gut anbraten; das nudelig geschnittene Wurzelwerk und die Zwiebel dazugeben, leicht anschwitzen lassen, mit wenig Wasser aufgießen; im vorgeheizten Rohr bei 220°C weichdünsten; herausnehmen und warmstellen; den Bratensaft entfetten, mit einem Butter-Mehlteigerl aufkochen, abschmecken und über das angerichtete, in Scheiben geschnittene Fleisch gießen.

Als Beilagen schmecken sehr gut Erdäpfelkrapferl, Preiselbeeren, Salate.

Pikante Pastete

13 *dag* Butter
3 Dotter
1 KL Salz
15 *dag* Schinken, *kleinwürfelig geschnitten*
12 *dag* Käse, *kleinwürfelig geschnitten*
20 *dag* Erbsen
2 EL Senf
Pfeffer
10 *dag* Mehl
3 Eiklar

Aus Butter, Dotter und Salz einen Abtrieb bereiten, Schinken, Käse und die Gewürze beimengen, Eiklar zu steifem Schnee schlagen und mit dem Mehl unter die Masse heben; eine Kastenform gut bebuttern und bebröseln, die Pastetenmasse einfüllen und im vorgeheizten Rohr auf der untersten Schiene des Backrohres bei 200°C ca. 70 Minuten garen.

Dazu paßt grüner Salat sehr gut.

Argentinische Kalbsleber

Leberschnitzel und Speckstreifen mit Zahnstocher zusammenspießen; Bratpfanne auf Stufe 2 erhitzen, etwas Butter hineingeben; die Leber-Speckportionen auf beiden Seiten kurz anbräunen, herausnehmen und die Kochplatte auf Stufe 1 zurückschalten; die restliche Butter in die Pfanne geben, die Zwiebelringe beifügen, würzen, die Leberscheiben darauflegen, zudecken und alles 10 Minuten schmoren lassen; die Leberscheiben auf einer vorgewärmten Platte anrichten, das mit dem Süßrahm verrührte Tomatenmark zu den Zwiebeln geben, abschmecken und die Soße über die Leberscheiben gießen.

- 50 *dag Kalbsleber, in Schnitzeln geschnitten*
- 50 *dag Speck in Streifen - gleichviel wie Kalbsleberschnitzel*
- 3 EL *Olivenöl*
- 50 *dag Zwiebel, ringelig geschnitten*
- 2 EL *Tomatenmark*
- 1/8 *l Süßrahm*
- *Salz*
- *Ingwer*

Dazu schmeckt als Beilage am besten Erdäpfelpüree.

Fleischpudding

Semmeln einweichen, ausdrücken und passieren; aus Butter, Dotter und Sauerrahm einen Abtrieb bereiten, mit den übrigen Zutaten vermischen, die Eiklar zu steifem Schnee schlagen und unter die Fleischmasse heben; eine gut verschließbare Dunstkochform befetten und bemehlen oder bebröseln, nur zu 2/3 füllen; in kochendes Wasser stellen, sodaß der Wasserstand die Höhe des eingefüllten Kochgutes erreicht (immer auffüllen); Wassertopf nicht zudecken; Pudding 60 Minuten garen.

- 7 *dag Butter*
- 4 *Dotter*
- 30 *dag Faschiertes*
- 1/8 *l Sauerrahm*
- 8 *dag Brösel*
- 2 *passierte Semmeln*
- 1 *Bund Petersilie*
- *Salz*
- *Ingwer*
- 4 *Eiklar*

Tomatensoße schmeckt dazu besonders gut.

Beuschl

ca. 80 dag Schweinsbeuschl (Lunge und Herz)	Das Beuschl mit den Gewürzen, dem Wurzelwerk und einer halben Zwiebel in gesalzenem Wasser weichkochen, abseihen, kaltstellen und erkaltet nudelig schneiden.
Salz	
2 Lorbeerblätter	
etwas Zitronenmelisse	
Pfefferkörner	
1 Büschel Thymian	
1 mittelgroße Karotte	
1 Porreestange	
1/2 kleine Selleriewurzel	
1/2 Zwiebel	
5 dag Fett	
3 dag Mehl	
1/2 Zwiebel	
Zitronensaft nach Geschmack	
Zitronenschale	
1 Bund grüne Petersilie	

Eine halbe, fein gehackte Zwiebel in heißem Fett goldgelb rösten, Mehl dazugeben und anlaufen lassen, mit dem durchgeseihten Beuschlsud aufgießen, das Beuschl hineingeben, mit Zitronensaft und -schale und fein gehackter grüner Petersilie abschmecken, ca. 7 Minuten unter mehrmaligem Umrühren leicht kochen lassen.

Zum Beuschl schmecken am besten Serviettenknödel.

Szegediner Gulasch

- 50 dag magerer Schweinsbauch oder Schweinsschulter
- 6 dag Fett
- 1 mittelgroße Zwiebel
- 1/2 KL Paprika edelsüß
- 1 KL Essig
- etwas Kümmel, gemahlen
- 50 dag Sauerkraut
- 1/8 l Süßrahm
- Salz

Das Fleisch in mittelgroße Würfel schneiden; die fein gehackte Zwiebel in heißem Fett goldgelb anrösten, Paprika, Essig und das Fleisch dazugeben, kurz anlaufen lassen, mit etwas Wasser aufgießen, die Gewürze beifügen und ca. 25 Minuten zugedeckt halbweich dünsten; das Sauerkraut dazugeben und ca. 35 Minuten fertigdünsten; Süßrahm hinzufügen und gut verkochen lassen, abschmecken.
Ist das Sauerkraut zu sauer, muß es vor dem Beimengen mehrmals mit kaltem Wasser ausgeschwemmt werden.

Zu Szegediner Gulasch schmecken am besten Salzerdäpfel.

Überbackene Hascheeomeletten

Aus Milch, Eiern, Mehl und Salz einen Tropfteig bereiten; daraus dünne Omeletten backen; eine Auflaufform befetten und bebröseln. Für die Hascheefülle die Zwiebel im heißen Fett goldgelb anrösten, das Faschierte dazugeben und mitrösten, bis das Fleisch grau ist; mit dem Mehl stauben und rühren, bis man vom Mehl nichts mehr sieht; aufgießen, würzen und dünsten, bis kein Wasser mehr vorhanden ist; die Omeletten mit dem Haschee füllen, einrollen, halbieren und dachziegelartig in die Auflaufform einlegen; mit dem Süßrahm übergießen und im vorgeheizten Rohr bei 200°C ca. 45 Minuten backen.

Dazu serviert man grünen Salat.

Tropfteig:

1/4 l Milch
2 Eier
15 dag Mehl
Salz
Öl zum Backen

Hascheefülle:

25 dag Faschiertes
3 dag Fett
1 EL fein gehackte Zwiebel
1 dag Mehl
1 Bund Petersilie
Salz
Ingwer, gerieben
Schale einer halben Zitrone, etwas Zitronensaft
1/8 l Wasser

2 dl Süßrahm

Strankerleintopf mit Selchfleisch

Die Zwiebel im heißen Öl goldgelb anlaufen lassen, mit Wasser aufgießen, die Strankerln dazugeben, die Selchfleischscheiben darauflegen und das Ganze zugedeckt ca. 35 Minuten auf kleiner Stufe dünsten; die roh geschälten, geviertelten Erdäpfel darauflegen und das Gericht noch ca. 30 Minuten fertig dünsten; bei Bedarf mit Salz abschmecken.

5 dag Öl
1 fein gehackte Zwiebel
1 kg Strankerln (= Fisolen)
3/8 l Wasser
4 fingerdicke Scheiben Kaiserfleisch (40-60 dag)
60 dag Erdäpfel

Gefüllte Paprika mit Tomatensoße

8 kleine oder 4 große Paprikaschoten, grün oder gelb
Salz

Fülle:
30 dag Faschiertes
1 eingeweichte, passierte Semmel
1 Ei
Salz
Ingwer
1 Bund Petersilie
1-2 Zehen Knoblauch
1 EL Zwiebel, fein gehackt
5 dag Fett

Tomatensoße mit Wurzelwerk:
50 dag fleischige Tomaten
15 dag Wurzelwerk aus 1 Möhre, 1/2 Sellerieknolle, 2 Federn Porree
1/2 Zwiebel
5 dag Fett
1 dag Mehl
1 Lorbeerblatt
6 Pfefferkörner
Salz
1-2 EL Zucker nach Geschmack
etwas Zitronenmelisse, fein gehackt
1 Bund Petersilie, fein gehackt

Von den gewaschenen Paprikaschoten den Boden mit dem Stiel als Deckel abschneiden, sauber aushöhlen und alles in kochendes Salzwasser einlegen; den Topf von der Herdplatte nehmen und 10 Minuten zugedeckt ziehen lassen; die Paprika samt Deckel auf einem Tuch abtropfen lassen.
Für die Fülle die Zwiebel in Fett hellgelb anlaufen lassen, mit der fein gehackten Petersilie, dem zerdrückten Knoblauch und allen übrigen Gewürzen und Zutaten zum Faschierten mengen, gut verkneten; die Paprikaschoten mit dieser Masse füllen, den Deckel drauflegen, mit einem Zahnstocher feststecken, in ein passendes Geschirr stellen, eine der nachfolgenden Tomatensoßen darübergießen und im vorgeheizten Rohr bei 180°C ca. 50 Minuten dünsten.

Zu gefüllten Paprika serviert man am besten Salzerdäpfel.

Tomatensoße mit Wurzelwerk:
Das sauber geputzte Wurzelwerk und die Zwiebel grob schneiden, im Fett leicht anrösten, das Mehl dazugeben und anlaufen lassen, mit dem Wasser aufgießen; die gewaschenen, geviertelten Tomaten und die Gewürze mit Ausnahme von Petersilie und Zucker dazugeben; kochen, bis das Wurzelwerk weich ist, die Soße pürieren oder passieren, die fein gehackte Petersilie dazugeben und nach Geschmack mit Zucker abschmecken.

Gefüllte Paprika mit Tomatensoße

Tomatensoße mit Rotwein:
Das Mehl in der heißen Butter gelb anlaufen lassen, mit Wasser und Rotwein aufgießen; das Tomatenmark und die Gewürze dazugeben, leicht verkochen lassen und abschmecken. Hat man frische Tomaten, nimmt man 75 dag davon, viertelt sie, dämpft sie in ganz wenig Wasser und gibt sie passiert oder püriert zur aufgegossenen Einmach.

Tomatensoße mit Rotwein:
- 15-20 *dag Tomatenmark oder 75 dag frische Tomaten*
- 5 *dag Butter*
- 4 *dag Mehl*
- 1/2 *l Wasser*
- *ca.* 1/8 *l Rotwein*
- *Salz*
- 1-2 *EL Zucker*
- 4 *Gewürznelken*
- 1 *Zimtstange*

Sauerbraten vom Schwein

Den Schopf im Essigwasser mit allen Gewürzen ca. 60 Minuten weichkochen; drei Tage ausgekühlt im Sud kühl (im Sommer im Kühlschrank) stehen lassen, dabei das Fleisch täglich umdrehen; am 4. Tag das Fleisch aus der Beize nehmen, abtrocknen und in 1 cm dicke Scheiben schneiden, diese in Mehl wälzen und in heißem Fett auf beiden Seiten goldbraun braten, im vorgewärmten Rohr warmstellen; für die Soße das Bratenfett abschütten, den Bratenrückstand mit ca. 1/2 l abgeseihter Beize aufgießen und aufkochen lassen; Mehl mit Süßrahm verquirlen, in die Soße gießen, abschmecken, gut verkochen lassen und zum Fleisch servieren.

Dazu reicht man am besten Salzerdäpfel.

- 80 *dag Schweinsschopf, ausgelöst*
- 1 *l Wasser*
- 1/8 *l Apfelessig*
- 10 *dag Zwiebel*
- 10 *Pfefferkörner*
- 8 *Wacholderbeeren*
- 2 *Lorbeerblätter*
- 1 *KL Salz*
- *ev. etwas Thymian*
- 1/8 *l Süßrahm*
- 1 *dag Mehl*
- *Mehl zum Wälzen*
- 10 *dag Fett zum Braten*

Ausgelöstes gefülltes Brathuhn

1 *küchenfertiges* Huhn (*ca.* 1,8-2 *kg*)
Salz
Ingwer

Fülle:

20 *dag* Faschiertes
1 Semmel
3 *dag* Brösel
5 *dag* Fett
1 *kleine* Zwiebel
1 Bund *grüne* Petersilie
2 Eier
Salz
Ingwer
5 *dag grüne* Erbsen
1 EL *roter* Paprika, *fein gehackt*

Für die Fülle die Semmel klein würfelig schneiden und mit wenig Milch anfeuchten; die fein gehackte Zwiebel im heißen Fett goldgelb anlaufen lassen; alle Zutaten zusammenmischen und glatt verkneten.
Für das Auslösen (Entfernen aller Knochen) das Huhn mit der Brust auf das Schneidbrett legen; mit einem kleinen, sehr scharfen Messer Hals und die äußeren Flügelspitzen entfernen; mit einem Schnitt über den Rücken die Haut mit dem Fleisch von den Rückenknochen und weiter von den Brustknochen ablösen; von innen die Flügel- und Schenkelknochen auslösen(ohne die Haut durchzuschneiden).
Das ausgelöste Huhn innen und außen mit Salz und gemahlenem Ingwer würzen, mit der Haut nach außen auf das Schneidbrett legen, Flügel- und Schenkelhülsen nach innen stülpen, die Fülle als Striezel der Länge nach auflegen, das Huhn darüber zusammenklappen und wie eine Salami abbinden; in einem kleinen Topf (das Huhn soll gerade Platz haben) mit fingerhoch Wasser im vorgeheizten Rohr bei 220°C ca. 1,5-2 Stunden braten; das Huhn herausnehmen, warmstellen und den Bratensaft mit einer Butterkugel von 5 dag Butter und 2 dag Mehl verfeinern; das fertig gebratene Huhn vom Spagat befreien und mit einem sehr scharfen Messer in 1 cm dicke Scheiben schneiden.

Als Beilagen eignen sich Petersilerdäpfel, Mischgemüse oder grüne Erbsen bzw. Salat.
Das gefüllte Huhn schmeckt auch kalt als Jause gut.
Aus den ausgelösten Knochen kann eine sehr gute Hühnersuppe bereitet werden.

Für 6-8 Personen

Eberndorfer Linseneintopf

Linsen am Vortag in kaltem Wasser einweichen, am nächsten Tag mit dem Einweichwasser zustellen; Lorbeerblatt, Majoran und gepreßten Knoblauch beifügen, kochen, mit dem Kaiserfleisch fertiggaren; erst wenn die Linsen weich sind, eventuell salzen (Selchfleisch gibt meist genug Salz).
Fein gehackte Zwiebel und Mehl in heißem Fett anlaufen lassen, aufgießen, Linsen beimengen, mit Pfeffer und etwas Essig würzen und kurz verkochen lassen.

Rezept von Frau Ingeborg Kummer, Eberndorf

- 30 dag Linsen
- 30 dag Kaiserfleisch
- 5 dag Schweinefett
- 5 dag Mehl
- 1/2 Zwiebel
- 5 dag Speck
- Lorbeerblatt
- Majoran
- Salz
- Pfeffer
- Knoblauch
- Essig

Hühner-Gemüse-Eintopf

Das enthäutete Huhn in mittelgroße Stücke teilen, mit Salz und Ingwer würzen; die Schalotten schälen, Öl in einem Topf mit gut schließendem Deckel erhitzen, das Hühnerfleisch bei starker Hitze anbraten, die Schalotten dazugeben und diese kurz mitbraten; mit Wein und eventuell mit noch etwas Wasser aufgießen, den Thymian dazugeben und die Masse 30 Minuten dünsten lassen; die geschälten, großwürfelig geschnittenen Erdäpfel dazugeben, 15 Minuten dünsten lassen; die Salatgurke schälen und mit den Tomaten kleinwürfelig schneiden; Basilikum in feine Streifen schneiden, alles zum Eintopf geben; falls der Wein verdunstet ist, noch etwas Wasser nachgießen, nochmals ca. 8 Minuten garen, abschmecken.

Ein küchenfertiges Huhn verliert durch das Enthäuten ca. 25 % an Gewicht.

- 1 kg enthäutetes Huhn
- Salz
- Ingwer
- 25 dag Schalotten
- 2 EL Öl
- 3 Thymianzweige
- 1/8 l trockener Weißwein
- 60 dag mehlige Erdäpfel
- 1 Salatgurke (ca. 25 dag)
- 2 fleischige Tomaten
- Basilikum

Serbische Bohnensuppe

50 *dag große, weiße Bohnen*
1 KL *Majoran*
2 *Lorbeerblätter*
50 *dag Kaiserfleisch (Schweinsbauch, frisch geselcht)*
1,5 *l Wasser*
15 *dag Speck*
1 *Zwiebel*
1 EL *Öl*
2 *Knoblauchzehen*
1 KL *Paprika, edelsüß*
1 *Msp. Piment*
1 *Msp. Nelkenpulver*
2 *Pfefferoni*
Salz
Pfeffer
3 KL *Tomatenmark*

Die Bohnen über Nacht einweichen und am nächsten Tag mit Majoran, Lorbeerblättern und dem Kaiserfleisch weichkochen; das Fleisch kleinwürfelig schneiden und wieder zu den Bohnen geben; die fein gehackte Zwiebel in heißem Öl gelb anlaufen lassen, den kleinwürfelig geschnittenen Speck dazugeben, anrösten und zu den Bohnen geben; mit dem zerdrückten Knoblauch und den übrigen Gewürzen abschmecken und gut verkochen lassen.

Wer die Serbische Bohnensuppe sämiger liebt, kann dem gerösteten Speck 1-2 KL Mehl beigeben, dieses kurz anlaufen lassen und mit Bohnenwasser aufgießen.

Zu diesem Eintopf schmeckt am besten kräftiges Schwarzbrot.

Für 6 Personen

Kohlreis

30 *dag Reis*
35 *dag Kohl*
1 EL *Öl*
5 *dag Speck*
1 *fein gehackte Zwiebel*
Salz
15 *dag gekochtes Selchfleisch*
2 EL *Parmesan*

Die Zwiebel im heißen Öl goldgelb anlaufen lassen; den kleinwürfelig geschnittenen Speck dazugeben und glasig werden lassen; den nudelig geschnittenen Kohl und ca. 1/8 l Wasser beimengen; das Wasser muß verdunstet sein, wenn der Kohl halbgar ist; den Reis beigeben und mit knapp 1/2 l Wasser aufgießen; die Speise salzen und fertigdünsten; wenn der Reis gar ist, das gewürfelte Selchfleisch unterrühren und noch etwas nachdünsten lassen; mit geriebenem Käse servieren.

Kärntner Ritschert

Rollgerste und Bohnen über Nacht einweichen; mit einem Teil des Wurzelwerks (nicht zerkleinert) und den Gewürzen kalt zustellen und so lange kochen, bis die Zutaten nicht nur weich sind, sondern der Ritschert „schmierig" ist, dabei immer wieder umrühren; Selchfleisch gut abwaschen und mit einem Teil des Wurzelwerkes gesondert kochen; die Schwarte entfernen, kleinwürfelig schneiden und zum Ritschert geben; kurz weiterkochen; Ritschert eventuell vor dem Fertigkochen etwas säuern.
Wenn der Ritschert zu dick geraten ist, noch Wasser zufügen und dieses nochmals gut verkochen lassen.
Sellerie und Porree werden aus dem Ritschert genommen, die Karotten bleiben drinnen.

- 20 *dag* Rollgerste
- 10 *dag weiße* Bohnen
- 1 *geselchte* Schweinsstelze *oder* 40 *dag* Selchfleisch
- 1/2 Sellerieknolle
- 1-2 Karotten
- 1/2 Stange Porree
- *ev.* 1 *kleines* Stück Petersilwurzel
- 1 Bund Liebstöckl
- Salz
- *ev. etwas* Essig

Erdäpfelgulasch

Die Erdäpfel schälen und groß würfeln; die Zwiebel fein hacken, im heißen Fett goldgelb anrösten, Paprika dazugeben, durchrühren, gleich mit Essig löschen und aufgießen; die Erdäpfel und die Gewürze beifügen (das Wasser soll knapp über dem Kochgut stehen) die Erdäpfel unter mehrmaligem Umrühren garen, bis sie leicht zerfallen und der Saft sämig wird; zum Schluß die kleinwürfelig geschnittene Braunschweiger Wurst dazugeben, noch einige Minuten ziehen lassen, abschmecken.

- 90 *dag* Erdäpfel
- 20 *dag* Zwiebel
- 1 KL Paprikapulver *mild*
- 3 EL Öl
- 1 KL Essig
- *ca.* 3/8-1/2 *l* Wasser *zum* Aufgießen
- Thymian
- 1 Lorbeerblatt
- 1 KL Kümmel, *gemahlen*
- 25 *dag* Braunschweiger Wurst

Rindfleischeintopf

75 dag Rindfleisch (Rose, Schulter, Zapfen)
40 dag Karotten
50 dag Erdäpfel
Thymian
1 Lorbeerblatt
1 große Zwiebel
Salz
Knoblauch
Ingwer
1/2 l Wasser

ein hoher Topf mit Deckel
Alufolie, etwas größer als der Topf, auf einer Seite mit Butter bestrichen

Das Fleisch waschen, abtrocknen und in größere Würfel schneiden; die Erdäpfel und Zwiebel schälen und in Scheiben schneiden; die Karotten putzen und entweder in Scheiben oder nudelig schneiden; die Hälfte der Erdäpfelscheiben in den Topf geben, die Hälfte der Karotten darauflegen, dann die Zwiebelscheiben und das Fleisch; mit Salz und Ingwer würzen, die restlichen Karotten und Erdäpfel in Schichten darauflegen; noch einmal würzen; das Wasser darübergießen; Lorbeerblatt und Thymian hinzugeben und das Gericht mit der Alufolie - Butterseite nach unten - abdecken; den Topf mit einem gut schließenden Deckel zudecken und die Speise auf der Herdplatte bei mittlerer Hitze (Ankochstufe 3, weitergaren bei Stufe 1-1,5) etwa 90 Minuten langsam dünsten.

Wenn statt dem Rindfleisch Schaffleisch (Schlögel, Schulter) genommen wird, ergibt dies echtes Irish Stew.

Sauerkraut-Bohnen-Eintopf

Die Bohnen über Nacht einweichen, am nächsten Tag im Einweichwasser mit dem Lorbeerblatt und Thymian weichkochen, abseihen; die Zwiebel im heißen Öl hellgelb anlaufen lassen; den feinwürfelig geschnittenen Speck dazugeben, nochmals leicht anrösten, Paprika dazugeben und kurz anlaufen lassen, Sauerkraut, Tomatenmark und wenig Wasser beifügen, weichdünsten; mit der kleinwürfelig geschnittenen Wurst und den Bohnen vermengen, mit dem Obers verfeinern und den Eintopf nochmals 15 Minuten dünsten lassen; mit Salz und eventuell etwas Zucker abschmecken.

Falls das Sauerkraut zu sauer ist, muß man es vor dem Kochen mit kaltem Wasser durchspülen.

20 *dag weiße Bohnen*
1 *Lorbeerblatt*
2-3 *Thymianzweige*
10 *dag Speck*
2 EL *fein gehackte Zwiebel*
1 EL *Öl*
1-2 KL *Paprikapulver*
35 *dag Sauerkraut*
5 *dag Tomatenmark*
Salz
ev. etwas Zucker
75 *dag Braunschweiger Wurst*
1/8 *l Süßrahm*

Erdäpfelrolle

Für die Fülle Zwiebel in der heißen Butter goldgelb anlaufen lassen, das Fleisch kleinwürfelig schneiden; aus Erdäpfeln, Mehl, Grieß und Salz einen Erdäpfelteig bereiten; den Erdäpfelteig zu einem 1,5-2 cm dicken Blatt ausrollen, die Fülle daraufstreuen und den Teig vorsichtig einrollen; eine Serviette mit heißem Wasser anfeuchten, die Rolle darin einbinden und diese im kochenden Salzwasser 60 Minuten garen.
Man kann die Rolle auch in 5 cm breite Stücke schneiden, diese aufrecht in ein gut befettete Auflaufform stellen und mit Butterflocken belegt bei 200°C 50 Minuten im Rohr backen.

40 *dag Erdäpfel, gekocht und gepreßt*
15 *dag Mehl*
3 *dag Weizengrieß*
1 *Ei*
Salz

Fülle:
4 *dag Butter*
1 *Zwiebel, fein gehackt*
25 *dag Selchfleisch gekocht (Rollschulter oder Schinken)*

Polentapizza

36 *dag* Maisgrieß
1 *l* Wasser
1 KL Butter
Salz
10 *dag* Butter
3 Dotter
etwas Salz
Muskat

Soße:
2 *kg* Tomaten
Origano, Knoblauch, Zwiebel, Rosmarin, Sellerie, Majoran, Thymian, Minze
etwas Salz

Belag:
30 *dag* Schinken
20 *dag* Edamer, in Scheiben geschnitten

Butter zerlassen, Maisgrieß darin leicht erhitzen (linden); Wasser und Salz dazugeben und ausdünsten lassen; Butter, Dotter, Salz und Muskat schaumig rühren; in die ausgekühlte Polenta kneten; die Masse gleichmäßig auf ein befettetes Blech drücken; mit der Soße bestreichen, mit Schinken und Käse belegen; im vorgeheizten Rohr bei 200°C ca. 40 Minuten auf der Mittelschiene backen.

Soße:
Zwiebel und Sellerie nudelig schneiden und unter häufigem Rühren (Masse brennt leicht an) mit den geviertelten Tomaten und den Gewürzen so lange dünsten, bis der Saft verdunstet ist (ca. 1 Stunde); mit dem Mixstab pürieren oder durch das Passiersieb passieren, abschmecken.

Für 6 Personen

Lauchtorte mit Speck

Mehl mit Salz vermischen, die sehr kalte Butter hineinschneiden, verbröseln, Dotter und Sauerrahm beimengen, daraus sehr rasch - eventuell mit den Knethaken des Handmixers - einen Mürbteig kneten, 2 Stunden kalt stellen; für die Fülle Porree waschen, fein schneiden, 5 Minuten in kochendem Wasser blanchieren (überbrühen), abtropfen lassen; den Speck braun rösten, das überschüssige Fett abgießen; den Porree in 5 dag heißer Butter kurz andünsten und auskühlen lassen; eine Tortenform mit dem ausgewalkten Mürbteig auslegen, den Speck darauf verteilen, den Porree darübergeben; aus Eiern, Milch, Crème fraîche, Salz und Pfeffer einen Überguß rühren und diesen über den Porree gießen; im vorgeheizten Rohr bei 220°C 40 Minuten backen.

Für 6 Personen

Mürbteig:
- 25 dag Mehl
- Salz
- 12 dag Butter
- 1 EL Sauerrahm
- 1 Dotter

Fülle:
- 50 dag Porree
- 10 dag Speck, fein geschnitten
- 5 dag Butter
- 3 Eier
- 1/8 l Milch
- 1/4 l Crème fraîche
- Salz
- Pfeffer

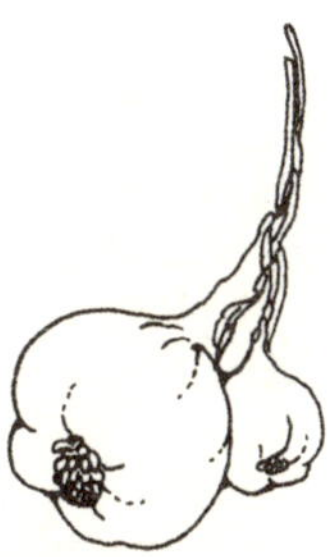

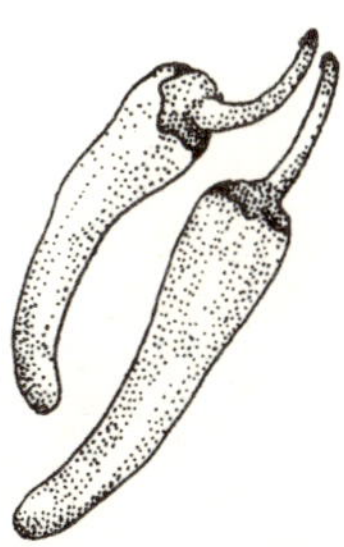

Hühnereintopf mit Nudeln

1 Suppenhuhn mit Hühnerklein
2 l Wasser
2 Möhren
1 Petersilwurzel
1 kleine Stange Porree
1 kleine Sellerieknolle
1 kleine Zwiebel
Salz
Muskatblüte

Nudelteig aus 1 Ei und 10-12 dag Mehl oder 12 dag Suppennudeln

Einen festen Nudelteig bereiten, dünn ausrollen, trocknen lassen und dünne Suppennudeln schneiden; das geputzte Huhn waschen, halbieren, mit Hühnerklein (außer Leber), Gewürzen und dem geputzten Gemüse im kalten Wasser zustellen, würzen, je nach Alter des Huhnes 1-2 Stunden kochen; die Leber kurz vor dem Ende der Kochzeit dazugeben; das Huhn aus der Suppe nehmen, auslösen, enthäuten und nudelig schneiden; die Suppe abseihen, das Gemüse bis auf die Möhren weggeben, die Möhren eventuell blättern und zur Suppe geben; die Suppe zum Kochen bringen, die Suppennudeln darin weichkochen; das Fleisch dazugeben, abschmecken, mit fein gehackter grüner Petersilie servieren.
Man kann die Nudeln auch in Salzwasser weichkochen, abseihen und zum Eintopf mischen.

Gebratene Reinanken oder Zander

4 Reinanken zu je 30 dag
Salz
1 Knoblauchzehe
5 dag Öl zum Braten
10 dag Butter
feine Semmelbrösel zum Tauchen
Zitronenscheiben zum Anrichten

Den ausgenommenen Fisch waschen, innen und außen trockentupfen, salzen, mit wenig Knoblauch einreiben; in das Fischinnere einige Butterflöckchen verteilen; den Fisch in Bröseln wenden, in heißem Öl beidseitig knusprig braten, mit zerlassener Butter servieren.
Zander muß vor der Zubereitung geschuppt werden. Dies geschieht am besten mit einem Reibeisen oder einem nicht zu scharfen Messer.

Pro Person rechnet man 20-30 dag Fisch. Fische verlieren aber beim Putzen einen Teil ihres Gewichtes an Abfall - beim Aal z.B. 1/3, bei Forelle und Zander die Hälfte.

Am Wörthersee wurden Karpfen, Hecht, Waller, Zander und Reinanken früher nur paniert und ursprünglich in Schweineschmalz, später in Öl herausgebacken. Dazu wurden Petersilerdäpfel und gemischter Salat gereicht, an Festtagen Mayonnaisesalat.
(Hannelore Bürger aus Krumpendorf und Frau Anni Brunner aus Ritzendorf)

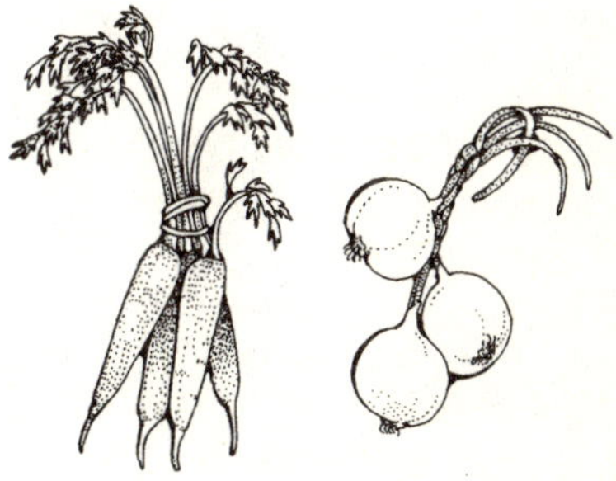

Karpfen in Paprikasoße

75 dag Karpfen, filetiert
Salz
10 dag Fett
5 dag Speck, feinwürfelig geschnitten
10 dag Zwiebel, fein gehackt
6 Pfefferkörner
1 Lorbeerblatt
1-2 KL Paprikapulver mild
je 5 dag Karotten, Porree, Sellerie, Petersilwurzel
2-3 Knoblauchzehen
ca. 1 l Wasser oder Rindsuppe
1 EL Mehl zum Stauben
1/8 l Süßrahm

Die Karpfenstücke leicht salzen, in heißem Fett beidseitig anbraten, aus der Pfanne nehmen; im Bratenrückstand das grob geschnittene Wurzelwerk, die Zwiebel und den Speck anrösten; Paprikapulver und das Mehl darüberstreuen, umrühren, bis man vom Mehl nichts mehr sieht und aufgießen; Pfefferkörner, Lorbeerblatt und Knoblauch in ein Gewürzsäckchen geben und zum Wurzelwerk geben; langsam weichkochen; das Gewürzsäckchen entfernen, die Soße pürieren oder passieren, mit dem Rahm verfeinern, die angebratenen Karpfenstücke vorsichtig in die fertige Soße legen und langsam fertiggaren.

Wenn man zum Aufgießen Rindsuppe verwendet, darf man das Karpfenfilet nur wenig salzen.

Aal in pikanter Soße

1 kg Aalstücke
Salz
8 dag Öl

Soße:

1 mittlere Zwiebel,
5 dag Fett
1/8 l Rotwein
2-3 Knoblauchzehen
Thymian
Salz, 1 Msp. Pfeffer
fein gehackte Petersilie
1 roter Paprika
1 EL Essig

Die Aalstücke häuten, salzen und in heißem Öl zugedeckt garen; für die Soße die feingehackte Zwiebel in heißem Fett leicht anrösten, mit Rotwein aufgießen, würzen und den sauber geputzten, in dünne Streifen geschnittenen Paprika dazugeben; den gegarten Aal in die Soße legen; mit Erdäpfeln servieren.

Aal im Backteig

Den gehäuteten Aal in 3-4 cm große Stücke schneiden, in Backteig tauchen; im heißen Öl backen und mit Tomatensoße servieren.

60 dag Aal

Backteig:

- *1/4 l Milch*
- *25 dag Mehl*
- *1 EL Öl*
- *Salz*
- *2 Dotter*
- *2 Eiklar*
- *Öl zum Backen*
- *Tomatensoße (siehe Rezept Gefüllte Paprika)*

Aal blau

Den Fisch vorsichtig unter Wasser reinigen (dabei am Kopf halten), weder häuten noch abtupfen (die Haut darf nicht verletzt werden). Für den Kräutersud alle Zutaten zum Kochen bringen, 10 Minuten kochen lassen, dann den Fisch einlegen (Fisch muß reichlich mit Flüssigkeit bedeckt sein); Fisch im Sud ziehen lassen (nicht kochen), bis er gar ist.

Üblicherweise werden Salzerdäpfel und flüssige Butter dazu serviert.

100-120 dag Aal

Kräutersud *(für 1 l Wasser):*

- *Salz*
- *1/16 l Essig*
- *5 Pfefferkörner*
- *1 kleines Lorbeerblatt*
- *5 dag ringelig geschnittene Zwiebel*
- *15 dag blättrig geschnittenes Wurzelwerk*

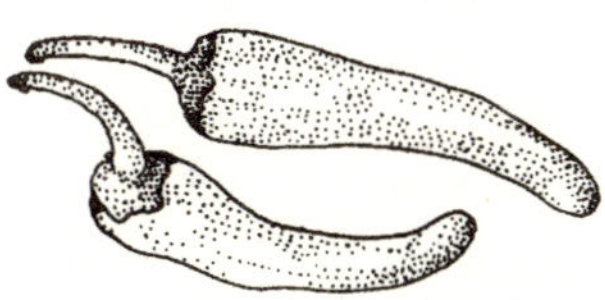

Fisch im Bierteig

Fischfilet (ca. 80 dag)
1 Bund Petersilie
Mehl zum Wälzen

Bierteig:
18 dag Mehl
1/4 l Bier
2 Dotter
Salz
4 dag zerlassene, ausgekühlte Butter
2 Eiklar

Fett zum Backen
Krauspetersilie zum Garnieren

Die Fischstücke in einem Gefäß, mit grob gehackter Petersilie bestreut, zugedeckt 30 Minuten ziehen lassen.
Für den Bierteig Mehl, Bier, Dotter und Salz glattrühren, dann die flüssige Butter und die verquirlten (nicht geschlagenen) Eiklar unterziehen. Von den Fischstücken die Petersilie entfernen, den Fisch zuerst beidseitig in Mehl und dann in Bierteig tauchen; in nicht zu heißem Fett schwimmend beidseitig goldbraun backen (nach dem Einlegen im zugedeckten Gefäß, nach dem Umdrehen ohne Deckel fertig backen!); im vorgewärmten Rohr auf einem Gitter abtropfen lassen.

Mit Erdäpfelpüree und grünem Salat servieren.

Für vier Personen

Fischauflauf

4 Portionen Fisch
Salz
Saft von einer Zitrone
Fell zum Anbralen

5 dag Butter
4 dag Mehl
1/4 l Milch
Salz
weißer Pfeffer
Muskat

Eine Auflaufform befetten und bebröseln; den Fisch würzen und in heißem Fett beidseitig anbraten, in die Auflaufform geben; Mehl in heißer Butter anlaufen lassen, mit Milch aufgießen, würzen, gut aufkochen lassen, über den Fisch gießen; Auflauf bei 200°C im vorgeheizten Rohr ca. 35-40 Minuten garen.

Forelle in Rotwein

4 Forellen à ca. 25 dag
Salz
Ingwer
1 Zwiebel
2 Lorbeerblätter
1 KL Apfelessig
5 Pfefferkörner
1/4 l Rotwein
5 dag Butter
1 gestrichener KL Mehl

1 längliche, feuerfeste Form mit Deckel

Die küchenfertigen Forellen innen und außen trockentupfen, leicht salzen, mit Ingwer würzen, in den Bauch jeder Forelle ein halbes Lorbeerblatt legen; die Butter in der Auflaufform heiß werden lassen; die feinringelig geschnittene Zwiebel glasig anlaufen lassen, mit Rotwein aufgießen und die Forellen darauflegen; den Essig über die Forellen träufeln und die Pfefferkörner dazugeben; bei 200°C im Rohr zugedeckt ca. 35-40 Minuten dünsten. Die Soße kann püriert und mit dem Mehl etwas eingedickt werden.

Dazu reicht man am besten Petersilerdäpfel und grünen Salat.

Hauptgerichte fleischlos

Topfenreinkerln aus Germteig

25 dag trockener, bröseliger Topfen	
25 dag Mehl	
Salz	
3 Eier	
Dampfl:	
3 dag Germ	
1/16 l Milch	
1 KL Zucker	

Aus allen Zutaten einen mittelfesten Germteig bereiten, diesen 30 Minuten gehen lassen, den Teig daumendick ausrollen und kleine Krapfen ausstechen; Krapfen auf ein bemehltes Tuch legen und zur doppelten Höhe aufgehen lassen; in mäßig heißem Fett schwimmend herausbacken - die erste Seite in der zugedeckten Pfanne, die zweite Seite ohne Deckel.
Die Reinkerln können mit Kompott oder Salat serviert werden. Sie schmecken auch kalt gut.

Ist der Topfen zu naß, muß mehr Mehl genommen werden.
Die Krapfen dürfen sich beim Aufgehen und beim Ausbacken nicht berühren.

Schupfnudel

50 dag Erdäpfel
12 dag Mehl
2 dag Butter
2 dag Grieß
1 Ei
Salz

10 dag Butter und
8 dag Brösel für die Form

Die gekochten, geschälten und passierten Erdäpfel mit den restlichen Zutaten zu einem Teig verkneten; daraus eine dünne Rolle formen, kleine Stückchen abschneiden und diese mit wenig Mehl zu kleinen länglichen Nudeln „schupfen" (auf dem Nudelbrett mit der hohlen Hand rollen).
Diese Schupfnudeln in kochendes Salzwasser einlegen und bei vorsichtigem Umrühren 3-5 Minuten kochen; abseihen und mit den in der Butter gerösteten Bröseln vermischen.
Man kann die rohen Schupfnudeln auch in eine stark befettete Auflaufform geben, mit Butterflocken belegen und in der heißen Röhre knusprig backen.

Dazu serviert man am besten Salat oder Sauerkraut. Schupfnudel können aber auch mit Zimt und Zucker und mit Kompott gegessen werden.

Erdäpfelgratin

1 kg Erdäpfel
Salz
Ingwer
Knoblauch
1/4 l Süßrahm
20 dag Edamer, in Scheiben geschnitten

Erdäpfel waschen, schälen, in dicke Scheiben schneiden; die rohen Scheiben in eine gut befettete Auflaufform schichten und auf jede Schichte Salz, gepreßten Knoblauch und Ingwer nach Geschmack geben, den Süßrahm darüber gießen; im auf 250°C vorgeheizten Rohr ca. 60 Minuten garen; die Käsescheiben entweder sofort auf den Auflauf legen, wenn die Form einen gut schließenden Deckel hat, sonst 15 Minuten vor Ende der Garzeit.

Zum Gratin schmeckt grüner Salat vorzüglich.

Kärntner Dampfnudel

40 *dag* Mehl
Salz
6 *dag* Butter
6 *dag* Zucker
2 Dotter
1/8 *l* Milch

Dampfl:
3,5 *dag* Germ
1 KL Zucker
1/8 *l* Milch

Fülle:
15 *dag faschierte* Dörrpflaumen oder Dörrzwetschken
Rum
Zimt
geriebene Schale einer *ungespritzten* Zitrone

Für die Fülle alle Zutaten miteinander vermischen.
Einen mittelfesten Germteig bereiten; Teig 30 Minuten gehen lassen, daumendick ausrollen und in 10 x 10 cm große Quadrate schneiden bzw. ausradeln, die Fülle darauf verteilen, die Teigquadrate zusammenschlagen (wie bei den Buchteln), auf einem bemehlten Tuch zur doppelten Höhe aufgehen lassen; die großen Nudeln vorsichtig mit Öl bestreichen; in das Sieb eines Dampfentsafters ein nasses, ausgedrücktes Tuch legen, die Dampfnudeln darauflegen, den Topf mit dem Deckel verschließen und wie beim Dampfentsaften das Ganze 1 Stunde dämpfen lassen.
Das Wasser im Untersatz des Dampfentsafters muß beim Zustellen der Dampfnudeln bereits kochen. Nach dem Dämpfen werden die Dampfnudeln vorsichtig mit dem Tuch aus dem Sieb genommen und mit zwei Gabeln zerteilt. Dazu serviert man entweder Vanillecreme oder, wie z.B. in der Feldkirchner Gegend, pro Person 1/4 l gezuckerte, warme Milch mit 1-2 EL Butterschmalz in Schüsselchen zum Eintunken.

Eigene Dörrzwetschken müssen vorher eingeweicht und gekocht werden.

Als Kind mußte ich immer am Vortag des Dampfnudelkochens mit einem Zwanzigliter-Häfen in den Stadel gehen und dort 1/3 des Häfens fest mit sauberem Haferstroh füllen. Darüber wurden lange Holzspäne gelegt. Es kam nur soviel Wasser auf das Stroh, daß die Späne gut handbreit über dem Wasser waren. Die gut aufgegangenen, meist ungefüllten Dampfnudel wurden eingefettet, in ein nasses Rupfentuch gelegt und im gut verschlossenen Häfen 1 Stunde gedämpft.
Im Gurktal aß man ungefüllte Dampfnudeln in ungesüßter, mit flüssiger Butter versetzter Milch getunkt und reichte dazu mit Sauerrahm abgemachten, fein geriebenen schwarzen Rettich.

Hadnwickler

Aus Mehl, Öl, Eiern, Salz, Germ und Wasser einen weichen Nudelteig bereiten, zu einer Rolle formen, in Folie wickeln, rasten lassen; die Teigrolle in Stücke schneiden, zu Omelettengröße ausrollen, mit der Fülle bestreichen, einrollen (wie Omeletten); in Salzwasser kochen, mit Butter abschmalzen oder in 2 cm breite Streifen schneiden und in heißem Butterschmalz abrösten.
Für die Fülle das Hadnmehl leicht linden (in einem trockenen Topf unter ständigem Rühren erhitzen), auskühlen lassen, mit soviel Sauerrahm verrühren, daß eine weiche, streichfähige Masse entsteht.
Hadnwickler können auch mit Zimt und Zucker gegessen werden.

Rezept von Auguste Stengel

- 35 *dag* Mehl
- 2 EL Öl
- Salz
- 2-3 Eier
- 1 *dag* Germ
- 3/16 *l* Wasser

Fülle:

- 20-25 *dag* Hadnmehl (= Buchweizenmehl)
- Sauerrahm
- Salz

Apfelschmarren

Die geschälten, geviertelten Äpfel werden mit den übrigen Zutaten halbweich gedünstet.
Für den Tropfteig werden alle Zutaten mit dem Handmixer oder der Schneerute glatt verrührt.
Der Teig wird sofort über die Apfelmasse gegossen und im vorgeheizten Rohr bei 200°C ausgebacken.
Der Schmarren wird mit 2 Gabeln zerrissen und mit Zucker bestreut serviert.

Aus der Schule Annabichl um 1922/23

- 1 *kg* Äpfel
- 12 *dag* Zucker
- 10 *dag* Butter
- geriebene Zitronenschale
- etwas Wasser

Tropfteig:

- 1/2 *l* Milch
- 35 *dag* Mehl
- 2-3 Eier
- Salz

Eberndorfer Kranznudel

50 *dag* Mehl	
1/4 *l* Milch	
3 *dag* Germ	
3 *dag* Butter	
6 *dag* Zucker	
1 KL Salz	
2 Eier	

Fülle:

30 *dag* Hadnmehl (Buchweizenmehl)	
1/8 *l* Milch	
1/8 *l* Sauerrahm	
1/4 *l* Schwarzbeermarmelade	
1 KL Salz	
Zitronenschale, gerieben	
Saft einer Zitrone	

Aus den Teigzutaten einen mittelfesten Germteig bereiten; gehen lassen.
Für die Fülle Hadnmehl linden (in einem trockenen Topf unter ständigem Rühren erhitzen), mit heißer Milch abbrühen, salzen, mit Sauerrahm und Schwarzbeermarmelade verrühren, mit geriebener Zitronenschale und Zitronensaft abschmecken.
Den Germteig zu einem runden Fleck ausrollen, die Fülle ca. 1/2 cm hoch auftragen - 2 Fingerbreit vom Rand freilassen; in der Mitte der Teigfläche ein handlanges Kreuz einschneiden, von der Mitte nach außen rollen. Mit dem Kochlöffel ca. 10 cm lange Stücke abdrücken und auf beiden Seiten ca. 10 Minuten in Wasser kochen, herausheben und mit heißer Butter servieren.

Rezept von Ingeborg Kummer

Zwetschkenmichl

12 *dag* Butter	
16 *dag* Zucker	
4 *ganze* Eier	
15 *dag* Grieß	
1/2 Pkg. Backpulver	
geriebene Zitronenschale	
1 Schuß Rum	
50 *dag* Topfen	
50 *dag* Zwetschken	
1/4 *l* Süßrahm	
Zucker zum Bestreuen	

Aus Butter und Zucker einen Abtrieb bereiten; abwechselnd Eier und etwas Grieß einrühren; geriebene Zitronenschale, den restlichen Grieß, Backpulver, Rum und Topfen untermischen, die entkernten Zwetschken beimengen; in einer bebutterten und mit Bröseln ausgestreuten Auflaufform im vorgeheizten Rohr bei 200°C auf der unteren Schiene 1 Stunden backen.
Nach dem Backen sofort mit Zucker bestreuen und mit dem ungeschlagenen Süßrahm servieren.

Obstknödel aus Erdäpfelteig

Aus Erdäpfeln, Mehl, Ei und Salz rasch einen Teig kneten, eine Rolle formen, davon Scheiben schneiden; auf jede Teigscheibe eine Frucht legen, mit dem Teig einhüllen (der Knödel muß glatt sein); Knödel in kochendem Salzwasser langsam kochen (fast ziehen lassen); Semmelbrösel in Butter anrösten und die abgetropften Knödel darin wälzen; mit Staubzucker und eventuell zerlassener Butter servieren.

Gefüllte Knödel immer in eine Richtung rollen, sonst kommt Luft zwischen Teig und Frucht.

- 40 dag gekochte, gepreßte Erdäpfel
- 20 dag Mehl
- 1 Ei
- Salz
- 25 dag Zwetschken, Marillen oder Kirschen
- 10 dag Butter
- 8 dag Semmelbrösel

Obstknödel aus Topfenteig

Die Butter mit dem Salz und der Zitronenschale schaumig rühren; Eier, Mehl und Topfen unterrühren und zu einem Teig verkneten (zu festem Teig noch etwas Butter beimengen, bei zu weichem Teig noch etwas Mehl); den Teig 3 Stunden im Kühlschrank rasten lassen; aus dem Teig eine Rolle formen, davon daumendicke Scheiben schneiden; auf jede Teigscheibe eine Frucht legen, diese mit dem Teig umhüllen und mit beiden Händen daraus glatte Knödel formen (beim Formen den Knödel immer auf die gleiche Seite drehen, um die Luft hinauszupressen); die Knödel in kochendem Salzwasser unter behutsamem Umrühren ca. 10 Minuten leicht kochen.
Die Brösel in der heißen Butter goldgelb anrösten, die abgetropften Knödel darin wälzen, mit Staubzucker bestreuen und sofort servieren.

- 40 dag Topfen, schnittfest
- 20 dag Mehl
- 8 dag Butter
- 2 Eier
- Salz
- ev. etwas Zitronenschale gerieben
- 12-15 Stück Zwetschken oder Marillen

Zum Abschmalzen:

- 15 dag Butter
- 10 dag Semmelbrösel
- Staubzucker zum Bestreuen

Mutters Topfengrießknödel

7 dag Butter	Butter, Dotter, und Ei schaumig rühren, die restlichen Zutaten beimengen; daraus einen Teig kneten, 30 Minuten rasten lassen, mittelgroße Knödel formen und ca. 30 Minuten in kochendem Salzwasser langsam garen; abtropfen lassen, mit Butter abschmalzen; mit Salat oder Kompott servieren.
3 Dotter	
1 Ei	
40 dag Topfen	
20 dag Grieß	
12 dag Mehl	
1 dag Brösel	
Salz	
Butter zum Abschmalzen	

Die Knödel müssen sofort nach dem Garen gegessen werden, sonst werden sie hart.

Ein Rezept aus dem Jahre 1858

Einfache Topfengrießknödel

75 dag trockener Topfen	Aus den Zutaten einen Teig kneten und diesen 30-60 Minuten rasten lassen; mittelgroße Knödel formen und diese in kochendem Salzwasser ca. 30 Minuten (je nach Größe) langsam garen lassen; abtropfen lassen, mit Butter abschmalzen; entweder mit Kompott oder mit Salat servieren.
37 dag Grieß	
4 Eier	
Salz	
Butter zum Abschmalzen	

Topfenschmarren - im Rohr gebacken

50 dag trockener Topfen	Topfen, Dotter, Salz und Rahm verrühren, Mehl beimengen; den steif geschlagenen Eischnee unterziehen, in einer Auflaufform Fett erhitzen, Topfenmasse hineingeben und im vorgeheizten Rohr bei 200°C ca. 40 Minuten goldgelb backen; den Schmarren mit 2 Gabeln zerreißen; mit Zimt und Zucker bestreut oder ungezuckert mit grünem Salat servieren.
4 Dotter	
1/8 l Sauerrahm	
Salz	
ca. 10 dag Mehl	
4 Eiklar	
10 dag Fett zum Backen	

Topfennocken

Topfen mit Mehl und Salz verbröseln; die Eier daruntermischen und - wenn nötig - soviel Sauerrahm, daß ein lockerer, weicher Teig entsteht; Butter und Wasser in einem Topf erhitzen; mit einem Löffel große Nocken aus dem Teig ausstechen und einlegen; sofort gut zudecken, damit möglichst kein Dampf entweichen kann; die Hitze drosseln (Stufe 1/2-1) und garen, bis man es prasseln hört. Wenn die Unterseite braun ist, 3 Eßlöffel Sauerrahm daraufgeben.

25 dag trockener Topfen
20 dag Mehl
Salz
3 Eier
Sauerrahm nach Bedarf
6 dag Butter
6 EL Wasser

Topfennocken schmecken mit Salat ebenso gut wie mit Kompott und Staubzucker oder einer Fruchtsoße.

Topfenschmarren nach Sennerinart

Aus Milch, Eiern, Mehl und Salz einen Tropfteig bereiten, den trockenen Topfen unterrühren; in einer weiten Pfanne Fett erhitzen; die Topfenmasse hineingießen, zuerst zugedeckt die Unterseite goldbraun anbraten, dann den Schmarren wenden, die Oberseite bräunen und vor dem Servieren den Schmarren mit zwei Gabeln zerreißen; mit Kompott oder Salat servieren.

1/4 l Milch
4 Eier
Salz
18 dag Mehl
25 dag Topfen
Fett zum Backen

Überbackene Käsenockerln

1/4 l Wasser
Salz
4 *dag Butter*
22 *dag Mehl*
10 *dag geriebener Edamer Käse*
5 *Eier*

Überguß und Belag:
1/4 l Süßrahm
1 *Ei*
12 *dag geriebener Edamer Käse*

Wasser, Salz und Butter aufkochen lassen, Mehl und geriebenen Käse beimengen, so lange rühren, bis sich die Masse vom Kochlöffel löst; vom Herd nehmen; in die überkühlte Masse nacheinander die Eier einrühren; vom Teig kleine Nockerln in kochendes Salzwasser einlegen und zugedeckt 10 Minuten ziehen lassen; die Nockerln abseihen, in eine gut bebutterte und mit Bröseln ausgestreute Auflaufform geben; Süßrahm mit dem Ei versprudeln und über die Nockerln gießen; den geriebenen Käse darüberstreuen; im vorgeheizten Rohr bei 200°C ca. 45 Minuten überbacken; heiß mit Spinat servieren.

Pikante Käsetorte

Tortenboden aus Blätterteig
4 *Eier*
2 EL *Süßrahm*
Muskat
Salz
20 *dag geriebener Edamer*
1 EL *Parmesan*
2 *Bund Schnittlauch, fein geschnitten*

Eine größere Tortenform mit Blätterteig auslegen, den Teig dabei am Rand hochziehen, Blätterteig mit Ei bestreichen; Eier mit Süßrahm und den Gewürzen versprudeln, Käse und Schnittlauch unterrühren, Masse auf den Blätterteig geben; im vorgeheizten Rohr bei 200°C ca. 40 Minuten backen; sofort mit Salat servieren.

Überbackene Topfenpalatschinken

Für den Tropfteig alle Zutaten mit der Schneerute oder dem Handmixer glatt verquirlen; etwas Öl in einer runden Pfanne erhitzen und dünne Palatschinken herausbacken.
Für die Fülle die Eiklar zu ganz steifem Schnee schlagen, den Grießzucker nach und nach einschlagen, bis die Masse glänzt; die Eidotter einschlagen, Topfen, Rosinen, Zitronensaft und -schale vorsichtig untermischen; die Palatschinken damit bestreichen, einrollen, in der Mitte durchschneiden, dachziegelartig in eine bebutterte und bebröselte Auflaufform schichten; den Rahm darübergießen; im vorgeheizten Rohr bei 175°C ca. 40 Minuten backen.

Zu dieser süßen Hauptspeise schmeckt am besten Apfelkompott.

Tropfteig:
- 1/4 l Milch
- 2 Eier
- 15 dag Mehl
- Salz
- Öl zum Herausbacken

Fülle:
- 25 dag Topfen
- 2 Dotter
- 2 Eiklar
- 6 dag Feinkristallzucker
- 3 dag Rosinen
- 1/2 Zitrone, ungespritzt

Übergũß:
- 1/4 l Süßrahm

Zucchini in Bierteig

Für den Bierteig Mehl, Bier, Dotter und Salz glatt verrühren; die Butter und die verquirlten Eiklar (nicht steif geschlagen!) einmengen, sofort verwenden.
Die Zucchini waschen, abtrocknen, in 1 cm dicke Scheiben schneiden, beidseitig zuerst in Mehl und dann in den Bierteig tauchen; im nicht zu heißen Fett schwimmend auf beiden Seiten goldbraun herausbacken; die fertig gebackenen Zucchini im vorgewärmten Rohr auf einem Gitter abtropfen lassen.

Mit Salzerdäpfeln servieren.

Rezept von Frau Kapus

Bierteig:
- 20 dag Mehl
- 1/4 l Bier
- 2 Dotter
- Salz
- 5 dag flüssige, überkühlte Butter
- 2 Eiklar

- 80 dag Zucchini
- Mehl zum Wälzen
- Fett zum Herausbacken

Vollmehlpalatschinken mit Gemüsefülle

Tropfteig:
1/4 *l Milch*
3 *Eier*
Salz
15 *dag Hadn-(Buchweizen-)vollmehl oder Weizenvollmehl*
1 *dag Germ*
Fett zum Backen

Spinatfülle:
50 *dag frischen Spinat*
2 EL Öl
1 *Zwiebel, fein gehackt*
4 *dag Weizenvollmehl*
Salz
2 *Knoblauchzehen*
Ingwer, Muskat
1/4 *l Süßrahm*
20 *dag geriebener Edamer*

Gemüsefülle:
50 *dag geputztes, kleingeschnittenes Gemüse (Möhren, Erbsen, Karfiolröschen, Zucchini, ev. etwas Sellerie)*
5 *dag Butter*
1 *Zwiebel, fein gehackt*
Salz
2-3 EL *gehackte, gemischte Kräuter (Dill, Petersilie, Kerbel, Pimpinelle usw.)*
ca. 1/4 *l Wasser*
1/8 *l Sauerrahm*
5 *dag geriebener Käse*

Einen Tropfteig bereiten, die Germ unterbröseln und gut verrühren; den Teig 30 Minuten rasten lassen; daraus möglichst dünne Palatschinken backen; sofort mit einer der nachstehenden Füllen bestreichen, einrollen und servieren.

Spinatfülle:
Den Spinat kurz in kochendes Wasser geben (= blanchieren), abseihen; die Zwiebel in heißem Öl anlaufen lassen, den Spinat dazugeben, mit Mehl stauben, würzen, Süßrahm dazugießen; dieMasse einmal aufkochen lassen, vom Herd nehmen, den geriebenen Käse unterrühren; die Palatschinken damit füllen und sofort servieren.

Gemüsefülle:
Die Zwiebel in der heißen Butter anlaufen lassen, aufgießen, das Gemüse dazugeben, würzen und weichdünsten (wenn das Gemüse weich ist, soll das Wasser verdunstet sein); die Masse vom Herd nehmen, mit Sauerrahm binden, abschmecken; sofort in die Palatschinken füllen, diese mit Käse bestreuen und servieren.

Als Beilage eignet sich grüner Salat sehr gut.

Abbildungen auf den folgenden vier Seiten:
Grießnockerlsuppe (Rezept Seite 21)
Gegrillte Schweinskotelettes (Rezept Seite 26)
Fischl in Knoblauchsoße (Rezept Seite 28)
Sauerbraten (Rezept Seite 39)

Zucchinipuffer mit Paprikarahm

Für die Puffer die rohen Erdäpfel waschen, schälen, fein raspeln und ausdrücken; die Zucchini waschen und fein hobeln; Erdäpfel, Zucchini, Weizenvollmehl, Crème fraîche, Thymian, Knoblauch und Salz miteinander verrühren; in einer Pfanne Fett heiß werden lassen; je nach Größe der Pfanne einen oder mehrere Löffel Teig nebeneinander in das heiße Fett geben und zu einem dünnen Omelette glattstreichen; beidseitig knusprig braun braten und sofort servieren.
Für die Paprikasoße den Paprika waschen, putzen und kleinwürfelig schneiden, mit den übrigen Zutaten unter den Sauerrahm rühren und zu den Zucchinipuffern servieren.

Rezept von Frau Kapus

40 dag Erdäpfel
50 dag Zucchini
15 dag Weizenvollmehl
2 EL Crème fraîche
1 KL Thymian
2 gepreßte Knoblauchzehen
Salz
Fett zum Backen

Paprikasoße:
1 Becher Sauerrahm
1 roter Paprika
2 gepreßte Knoblauchzehen
Salz
viel fein gehackter Schnittlauch

Lesachtaler Milchmuas

Die Milch mit dem Salz zum Kochen bringen, unter ständigem Rühren Mehl und Grieß einrieseln lassen und zu einer sämigen Masse verkochen, auf Suppentellern anrichten, mit zerlassener Butter abschmalzen, eventuell mit Zucker und Zimt oder Kakao bestreuen.

Als Abendessen für 2-3 Personen ausreichend.
Rezept von Michaela Salcher-Dreschnig

3/4 l Milch
etwas Salz
3 dag Grieß
5 dag Weizenmehl
zerlassene Butter zum Abschmalzen
ev. Zucker und Zimt oder Kakao zum Bestreuen

Abbildungen auf den vier vorhergehenden Seiten:
Polentapizza (Rezept Seite 46)
Überbackene Topfenpalatschinken (Rezept Seite 63)
Schwammerlstrudel aus Topfenblätterteig (Rezept Seite 96)
Griffner Dämpfernes (Rezept Seite 173)

Erdäpfel-Dinkel-Auflauf

10 *dag* Dinkel (*ganze* Körner)
4 *dag* Butter
20 *dag* Zwiebel
50 *dag* Erdäpfel
1/2 Becher Crème fraîche
3 EL Süßrahm
2 Eier
1 Prise Salz
1 Msp. Pfeffer oder Ingwer
2-3 EL *gehackte* Kräuter (Schnittlauch, Petersilie, Estragon, Kerbel)

befettete, bebröselte Auflaufform

Den Dinkel über Nacht einweichen und dann weichkochen; die Erdäpfel kochen, schälen und grob raspeln; die fein gehackte Zwiebel in heißer Butter goldgelb anlaufen lassen; Dinkel, Erdäpfel, Zwiebel, Kräuter und Gewürze miteinander vermischen und in die vorbereitete Auflaufform füllen; Crème fraîche, Süßrahm und die Eier glatt verrühren und über die Masse gießen; im vorgeheizten Rohr auf der unteren Schiene bei 200°C 45-50 Minuten backen.

Der Auflauf wird am besten mit grünem Salat serviert.

Man kann statt Dinkel auch ganzen Hadn (Buchweizen) nehmen und gleich zubereiten (nur die Kochzeit ist kürzer).

Rezept von Frau Kapus

Hadnsterz

35 *dag* Hadn- (Buchweizen-)*mehl, nicht zu fein*
1 EL Butter
Salz
1/2 *l kochendes* Wasser
Grammelschmalz oder heiße Butter zum Abschmalzen

Das Hadnmehl mit der heißen Butter linden (rösten), salzen, mit der Sterzgabel das kochende Wasser so einrühren, daß feiner Sterz entsteht und keine großen Klumpen; wenn man kein Mehl mehr sieht, mit der Wasserzugabe aufhören und den Sterz zugedeckt auf Stufe 1/2 ca. 40 Minuten ausdünsten lassen.

Der Hadnsterz wird mit Grammelschmalz oder heißer Butter abgeschmalzen, dazu reicht man Sauermilch, Buttermilch, heiße Milch oder Kaffee.

Milchfarfalan

1 1/4 *l* Milch	
Salz	
20 *dag* Mehl	
1 Ei	
2 EL Wasser	

Mehl in eine Rührschüssel geben, das mit Wasser verquirlte Ei unter fortwährendem Rühren (am besten mit den Knethaken des Handmixers) in das Mehl laufen lassen, sodaß kleine Teigfetzchen entstehen; diese unter ständigem Rühren sofort in die kochende Milch einkochen; mehrmals aufkochen lassen und dann sofort servieren.

Man kann nach dem Anrichten Butterflöckchen daraufgeben und auch Zucker dazureichen.

Nudel & Strudel

Nudelteig – Grundrezept

Harter Nudelteig für Reibgerstl, Tarhonya und Schmalzmus:

auf 1 Ei 12-15 *dag* Mehl

Fester Nudelteig für Bandnudeln, Fleckerln, Suppennudeln usw.:

auf 1 Ei 10-12 *dag* Mehl

Weicher Nudelteig für gefüllte Nudeln:

30 *dag* Mehl
1 Ei
ca. 3/16 *l lauwarmes* Wasser

Ei und Mehl werden für den *harten Nudelteig* verknetet, und der Teig wird mit dem Reibeisen gerieben.
Beim *festen Nudelteig* dürfen nach der Zubereitung keine Streifen im Teig sein, wenn man ihn durchschneidet. Dann wird er dünn oder dicker ausgerollt, je nachdem, ob man Suppennudeln oder Spaghetti will; etwas antrocknen lassen und entsprechend schneiden. Die Teigflecke dürfen nie zu stark trocknen, da sie sonst beim Schneiden brechen.
Nudeln müssen in viel kochendem Wasser gegart werden (50 dag Nudeln - 5 l Wasser).
Der *weiche Nudelteig* muß geschmeidig sein. Er soll vor dem Füllen längere Zeit rasten. Gefüllte Nudeln sind immer in kochendes Salzwasser einzukochen und sofort vorsichtig umzurühren. Wenn die Oberfläche der Nudeln zu glänzen beginnt, legen sie sich nicht mehr so schnell an und können nicht aufreißen.

Kärntner Nudelvariationen

Aus den Zutaten einen geschmeidigen Nudelteig kneten und diesen rasten lassen; ausrollen; die Kugeln der Fülle ca. 5 cm vom Rand in einer Reihe auflegen; den Teig so darüber schlagen, daß man ihn rund um jede Kugel zusammendrücken kann (am besten von hinten nach vorne, damit die Luft entweichen kann); mit dem Teigrad halbkreisförmig um die Kugeln ausradeln; Nudelrand festdrücken oder nach Kärntner Art „krendeln", in viel kochendem Salzwasser kochen, dabei vor allem beim und nach dem Einlegen vorsichtig umrühren, damit die Nudeln nicht aneinanderkleben. Die Garzeit beträgt je nach Nudelgröße ca. 5-10 Minuten, nachdem das Wasser nach dem Einlegen wieder zu kochen beginnt.

Krendeln: mit Daumen und Zeigefinger den Rand zusammendrücken und mehrfach umlegen, dadurch entsteht eine zopfähnliche Verzierung.

Weicher Nudelteig:

30 dag Mehl
1 Ei
Salz
ca. 3/16 l lauwarmes Wasser

... mit Erdäpfel-Käse-Fülle:

Zwiebel in der Butter anlaufen lassen, mit den übrigen Zutaten vermischen; aus der Masse kleine bis mittelgroße Kugeln formen; die Nudeln damit füllen.

Nudeln mit zerlassener Butter oder Grammelschmalz und mit grünem Salat servieren.

30 dag gekochte, passierte Erdäpfel
30 dag trockener, grobkörniger Topfen
Salz
fein gehackte Nudelminze
fein gehackter Keferfil (Kerbel) nach Geschmack
2 EL fein gehackte Zwiebel
1 gehäufter EL Butter

… mit Hirse-Käse-Fülle:

1 Tasse Hirse	Hirsebrein weichdünsten; Zwiebel in Butter anlaufen lassen, mit allen übrigen Zutaten vermengen; aus der Masse kleine bis mittelgroße Kugeln formen, die Nudeln damit füllen.
30 dag trockener, grobkörniger Topfen	*Mit zerlassener Butter oder Grammelschmalz und mit grünem Salat servieren.*
Salz	
fein gehackte Nudelminze	
fein gehackter Keferfil (Kerbel) nach Geschmack	
2 EL fein gehackte Zwiebel	
1 gehäufter EL Butter	

… mit Fleischfülle:

60 dag faschiertes Selchfleisch oder Fleischreste	Zwiebel in Fett hellgelb anlaufen lassen, mit allen übrigen Zutaten vermischen; Nudeln damit füllen.
1 fein gehackte Zwiebel	*Nudeln mit gekochten, sauren Rüben servieren.*
3 dag Fett	
1 Ei oder 2 Eiklar	
bei sehr fettem Fleisch Brösel nach Bedarf	
1 Bund fein gehackte Petersilie	

… mit Kletzenfülle:

30 dag gekochte, faschierte Kletzen (Dörrbirnen)	Die Kletzen über Nacht kalt einweichen; im Einweichwasser weichkochen; von den Stielen und Kelchen befreien; faschieren und mit den restlichen Zutaten verkneten; aus der Masse kleine bis mittelgroße Kugeln formen, die Nudeln damit füllen.
30 dag trockener Topfen	*Mit zerlassener Butter und Kompott servieren.*
5-7 dag Zucker	
1/2 KL Zimt	
1 Msp. Nelkenpulver	

... mit Rohnenfülle

Den Nudelteig nicht zu weich zubereiten und nicht zu dünn ausrollen, da die Fülle sehr saftig ist. Daher darf auch der Topfen weder bröselig noch naß sein.
Für die Fülle die gekochten Rohnen heiß schälen und kalt fein reiben, auspressen und mit den übrigen Zutaten zu einer Fülle verarbeiten, eventuell mit ganz wenig frischem Kren würzen.
Diese Fülle ist leichter in "Faustnudel" zu füllen als in geradelte Nudel einzuarbeiten.

- *40 dag fester Topfen*
- *15 dag gekochte Rohnen (= Rote Rüben)*
- *Salz*
- *3 dag Zucker*
- *1 KL gemahlener Kümmel*
- *Butter zum Abschmalzen*

Feldkirchner Schwarzbeernudel

Aus den Zutaten einen weichen, geschmeidigen Nudelteig bereiten und mindestens 30 Minuten rasten lassen; den Teig ausrollen, die zu Kugeln geformte Fülle daraufgeben, den Teig darüberschlagen, gut andrücken, ausradeln, eventuell krendeln.
Für die Fülle den Topfen passieren und mit den übrigen Zutaten vermengen, bei zu bröseliger Konsistenz 1-2 EL Süßrahm dazumischen; Kugeln formen und sofort weiterverarbeiten (besonders wichtig bei eingefrorenen Schwarzbeeren, weil diese mehr Flüssigkeit verlieren).

Die Nudeln mit zerlassener Butter, Zimt und Zucker servieren.
Man reicht dazu kalte Milch.

Nudelteig:
- *30 dag Mehl*
- *1 Ei*
- *Salz*
- *ca. 3/16 l lauwarmes Wasser*

Fülle:
- *40 dag schnittfester Topfen*
- *30 dag Schwarzbeeren*
- *3 EL Feinkristallzucker*
- *1/2 KL Zimt*
- *2-3 EL Brösel*
- *2-3 EL Rum*
- *Butter zum Abschmalzen*
- *Zimt und Staubzucker zum Bestreuen*

Jerischacher Kletzennudel

Teig:
- 20 *dag* Weizenmehl
- 20 *dag* Hadnmehl (Buchweizenmehl)
- 3 *dag* Germ
- 1/8 *l* Milch
- 1 KL Zucker
- 1 Ei
- Salz
- 1/16 *l* Milch

Fülle:
- 25 *dag* Dörrzwetschken
- 10 *dag* Kletzen (Dörrbirnen)
- 30 *dag* Topfen
- 1/2 KL Zimt
- 2 EL Rum

Zum Abschmalzen:
- 15 *dag* Butter
- 3 EL Honig
- 1 Prise Zimt

Die Kletzen über Nacht einweichen, im Einweichwasser weichkochen, Kelche und Stiele entfernen, faschieren; kernlose Dörrzwetschken roh dazufaschieren (Dörrzwetschken mit Kern weichkochen, auslösen, faschieren); die faschierten Früchte mit dem Topfen verkneten, mit Zimt und Rum abschmecken; aus der Fülle Kugeln mit ca. 2-3 cm Durchmesser formen; aus 1/8 l lauwarmer Milch, 1 KL Zucker und der Germ ein Dampfl bereiten; mit dem gesalzenen Mehl, 1/16 l lauwarmer Milch und dem Ei zu einem geschmeidig glatten Germteig verarbeiten, 30 Minuten rasten lassen, den Teig ausrollen, die Füllekugeln darauflegen, den Teig über die Fülle schlagen und rundherum fest andrücken, die Nudeln ausradeln und krendeln; die Nudeln aufgehen lassen, in kochendes Salzwasser einlegen, zuerst mehrmals vorsichtig umrühren, dann 6 Minuten zugedeckt und ohne den Deckel zu lüften kochen lassen; abseihen und sofort mit der heißen Butter-Honig-Zimtmischung servieren.

Rezept von Frau Kapus

Pasta asciutta

Nudelteig nach Grundrezept zubereiten. Wenn man keine Nudelmaschine hat, rollt man den fertigen Nudelteig 2-3 mm dick aus, läßt ihn antrocknen, schneidet ca. 8 cm breite Streifen, legt diese übereinander und schneidet gleich breite „Spaghetti" herunter, wie der Teig dick ist (die Nudel sind zwar viel kürzer als die langen gekauften, schmecken aber ausgezeichnet); Nudel in viel kochendem Salzwasser garen; in Butter schwenken und in eine Schüssel geben, das Sugo in der Mitte der Nudelmasse anrichten.
Für das Sugo die Zwiebel im heißen Öl goldgelb anlaufen lassen; das Faschierte hineingeben und grau rösten; mit dem Wasser aufgießen; das Tomatenmark und die Gewürze dazugeben, weichdünsten, abschmecken.

Nudelteig:

30 dag Mehl
3 Eier

Sugo:

8 dag Öl
1 große, fein gehackte Zwiebel
30 dag Faschiertes
4 EL Tomatenmark
1/8 l Wasser
1 Büschel Basilikum
1 Bund fein gehackte Petersilie
Knoblauch, Salz

Spaghetti mit Paprikasoße

Die Knoblauchzehen in heißem Öl anlaufen lassen, die nudelig geschnittenen Pfefferoni und Paprika dazugeben, mit 1/8 l Wasser aufgießen und weichdünsten, mit Mehl stauben, soviel Wasser dazugeben, daß eine dicke Soße entsteht, würzen und etwas einkochen lassen; die in Salzwasser gekochten Spaghetti (siehe Rezept Pasta asciutta) anrichten, das Sugo darüber geben und mit geriebenem Käse servieren.

Rezept von Frau Kapus

30 dag Spaghetti

Soße:

2 Knoblauchzehen, fein geblättert
2 EL Öl
1 rote Pfefferoni
1 gelbe Pfefferoni
1 große rote Paprika
1/8 l Wasser
1 EL Mehl
Wasser zum Aufgießen
Salz
1 KL Basilikum
1 KL Thymian

Spaghetti mit Gorgonzolasoße

Nudelteig

25 dag Mehl
2 große Eier
oder 20 dag Spaghetti
5 dag Butter

Soße:

15 dag milder Gorgonzola
15 dag feinwürfelig geschnittener Schinken
1/8 l Süßrahm
1 Bund Basilikum

Die Spaghetti Zubereitung siehe Grundrezept) in (viel Salzwasser kochen, abseihen, in Butter schwenken; kranzförmig in einer Schüssel anrichten.

Für die Soße den gewürfelten Gorgonzola mit dem Süßrahm aufkochen, den Schinken dazugeben und mit viel fein gehacktem Basilikum würzen; in der Mitte des Spaghettikranzes anrichten.

Schinkenfleckerln

Nudelteig:

25 dag Mehl
2 große Eier
oder 20 dag fertige Fleckerln

10 dag Butter
2 Dotter
20 dag Schinken
2 Eiklar
Salz
1 Bund grüne Petersilie
ev. Muskat
Butter und Brösel für die Auflaufform

Fester Nudelteig laut Grundrezept zubereiten; zu Fleckerln schneiden; diese in viel kochendem Wasser garen; abseihen, kalt abschwemmen; Butter und Dotter schaumig rühren, würzen; den Schinken klein würfelig schneiden und mit dem Abtrieb und dem steifen Eischnee unter die Fleckerln ziehen; in eine bebutterte und bebröselte Auflaufform füllen; im vorgeheizten Rohr bei 200°C ca. 40 Minuten backen.

Schinkenfleckerln mit Rahm

Nudelteig laut Grundrezept bereiten, Fleckerln schneiden; in viel Salzwasser weichkochen; abseihen, kalt abschwemmen; das kleingewürfelte Selchfleisch mit den Gewürzen unter die Fleckerln rühren; diese in eine befettete, bebröselte Auflaufform geben; den Süßrahm darübergießen; im vorgeheizten Rohr bei 200°C ca. 40 Minuten backen.

Nudelteig:
25 dag Mehl
2 große Eier
oder 20 dag fertige Fleckerln

25 dag Schinken oder Selchfleisch
1/4 l Süßrahm
1 Bund fein gehackte grüne Petersilie
Salz
Muskat

Krautfleckerln

Nudelteig laut Grundrezept zubereiten; zu Fleckerln schneiden, in viel kochendem Salzwasser garen; das gehobelte Kraut salzen, mit dem gemahlenen Kümmel vermischen; Zwiebel mit dem Zucker im heißen Fett goldgelb anrösten, mit ein wenig Wasser aufgießen; das Kraut dazugeben und weichdünsten; die gekochten Fleckerln untermischen (das Kraut soll kein Wasser mehr enthalten), abschmecken.

Nudelteig:
25 dag Mehl
2 große Eier
oder 30 dag fertige Fleckerln

60 dag Weißkraut, gehobelt
10 dag Fett
1 große, fein gehackte Zwiebel
1 EL Zucker
Salz
Kümmel, gemahlen
ev. etwas Ingwer
etwas Wasser

Lesachtaler Schlupfkrapfen

Nudelteig:

- 20 dag Weizenmehl
- 10 dag Roggenmehl
- Salz
- 1 EL Öl
- ca. 3/16 l lauwarmes Wasser

Fülle:

- 60 dag gekochte, passierte Erdäpfel
- 3 EL fein gehackter Schnittlauch
- 1 EL fein gehackte Zwiebel
- 1 gehäufter EL Butter
- ca. 2 Knoblauchzehen, gehackt oder gepreßt
- Butter zum Abschmalzen

Aus den Zutaten einen geschmeidigen Nudelteig bereiten; diesen 30 Minuten rasten lassen. Für die Fülle die Zwiebel in der Butter hellgelb anlaufen lassen und diese mit den übrigen Zutaten rasch unter die Erdäpfel mischen (falls die Fülle zu trocken ist, 1 EL Milch dazugeben).

Aus dem Nudelteig eine ca. 5 cm dicke Rolle formen, davon 3-4 cm dicke Scheiben herunterschneiden, mit dem Nudelwalker etwas auswalken; mit dem Löffel auf jede Teigscheibe soviel Fülle geben, daß man den Teig noch darüber zusammenschlagen kann, die Teigenden fest aufeinander drücken und eventuell krendeln; die Nudeln ins kochende Salzwasser einlegen, umrühren und langsam köcheln lassen, bis sie im Wasser aufsteigen; dann herausnehmen, mit warmem Wasser abschwemmen und sofort mit heißer Butter servieren.

Dazu reicht man Milch oder grünen Salat.
Rezept von Michaela Salcher-Dreschnig

Bandnudel mit Porreesoße

Festen Nudelteig nach dem Grundrezept zubereiten. In der heißen Butter die Zwiebel anlaufen lassen, mit Mehl stauben, mit der Milch aufgießen, umrühren; den feinringelig geschnittenen Porree dazugeben, würzen, weichdünsten, die Bandnudeln kochen, anrichten, die Soße darübergießen, mit Käse bestreuen.

Nudelteig:
30 dag Mehl
3 Eier
oder 30 dag fertige Bandnudeln

Soße:
5 dag Butter
1 EL fein gehackte Zwiebel
2 dag Mehl
1/4 l Milch
50 dag Porree
Salz, Pfeffer

5 dag geriebener Käse zum Bestreuen

Grießnudel

Nudelteig laut Grundrezept zubereiten; zu Bandnudeln oder Fleckerln schneiden; in viel Salzwasser kochen, abseihen; eventuell heiß abschwemmen; in Butter schwenken. Grieß trocken im Topf erhitzen (linden); Butter und Wasser dazugeben und weichdünsten (eventuell Wasser nachgießen); Nudeln in die Grießmasse geben und etwas ausdünsten lassen.

Mit Salat oder Kompott servieren.

Nudelteig:
30 dag Mehl
3 Eier
10 dag Grieß
5 dag Butter
1/8-1/4 l Wasser
Salz

Basilikumnudel

Nudelteig:
30 dag Mehl
3 Eier
oder 30 dag fertige Bandnudel

Soße:
3 EL Butter
1 fein gehackte Zwiebel
4 Tomaten
25 dag Herrenpilze oder Champignons
Salz
sehr viel Basilikum, fein gehackt

5 dag geriebener Käse zum Bestreuen

Die Zwiebel in der heißen Butter anlaufen lassen, die feinwürfelig geschnittenen Tomaten, die blättrig geschnittenen Pilze und die Gewürze dazugeben, alles weichdünsten; die kernig weich gekochten Bandnudeln(Zubereitung siehe Grundrezept) anrichten, die Basilikum-Pilz-Soße darübergießen, mit Käse bestreuen.

MIt *grünem Salat servieren.*

Specknudel

30 dag Mehl
1 Ei
3/16 l lauwarmes Wasser
1/2 KL Salz

Fülle:
10 dag durchzogener Bauchspeck (Hamburger)
25 dag Bröseltopfen
3 Scheiben getrocknetes Schwarzbrot, gerieben

Aus den Teigzutaten einen weichen Nudelteig bereiten.
Für die Fülle den Speck kleinwürfelig schneiden, mit Brotbröseln vermischen, Bröseltopfen dazugeben, Kugeln formen.
Den Nudelteig zu einer Rolle formen, Stücke herunterschneiden, zu kleinen Scheiben ausrollen, Fülle daraufgeben, Teig darüber schlagen, andrücken und ausradeln (in Kärnten werden die Nudeln „gekrendelt"). In Salzwasser kochen und mit grünem Salat servieren.

Strudelteig – Grundrezept

Mehl, Wasser, Öl und Salz in einer Teigschüssel verrühren; auf einem Brett zu einem glatten Teig kneten und schlagen, bis er Blasen wirft; mit einer dicken, erwärmten Porzellanschüssel zudecken und 30 Minuten rasten lassen; auf einem bemehlten Tuch mit den Handrücken vorsichtig dünn ausziehen, wenn nötig, die dicken Ränder wegschneiden, beliebig füllen.
Der fertige Strudel kann mit zerlassener Butter, verrührtem Ei oder Sauerrahm bestrichen werden.

Strudelteig - Grundrezept:

25 dag Mehl
1/8 l lauwarmes Wasser
1 EL Öl
1 gestrichener KL Salz

Grießstrudel

Butter, Dotter und Salz schaumig rühren; Rahm, Grieß und Topfen einrühren und zuletzt den steif geschlagenen Eischnee unterheben; die Masse auf den ausgezogenen Strudelteig streichen; Strudel einrollen, in ein in warmem Wasser ausgedrücktes Tuch einbinden und 1 Stunde in Salzwasser kochen.

Man serviert den Strudel entweder mit Salat oder mit Kompott.

Zum Strudel kann man zerlassene Butter reichen.

Strudelteig siehe Grundrezept

Fülle:

10 dag Butter
3 Dotter
Salz
1/8 l Sauerrahm oder Süßrahm
16 dag Grieß
25 dag grober bröseliger Topfen
3 Eiklar

Schwarzbeerstrudel

Strudelteig siehe Grundrezept

Biskuit:

3 Eier
15 *dag* Zucker
15 *dag* Mehl

1 *kg* Schwarzbeeren

Für das Biskuit 3 Eiklar zu sehr steifem Schnee schlagen, den Zucker einschlagen, die Dotter einrühren, das Mehl vorsichtig unterheben; die Biskuitmasse auf den ausgezogenen Strudelteig streichen; darauf die Schwarzbeeren streuen, einrollen, auf ein befettetes Blech legen, mit zerlassener Butter bestreichen, im vorgeheizten Rohr bei 200°C auf der Mittelschiene ca. 40 Minuten backen, überzuckert servieren.

Statt Schwarzbeeren können auch Kirschen verwendet werden.

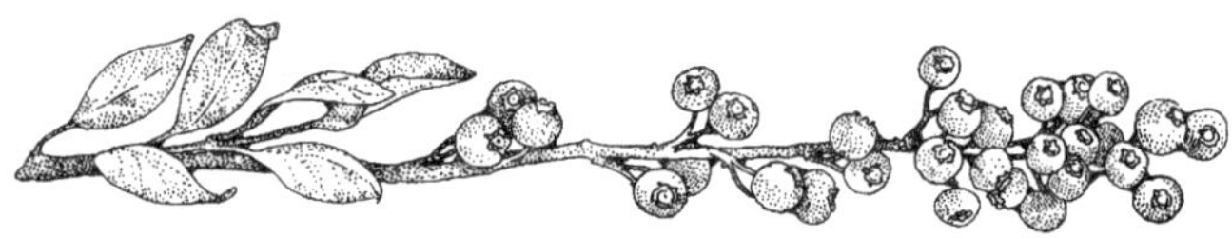

Rhabarberstrudel

Strudelteig siehe Grundrezept

Fülle:

1 *kg* Rhabarber
5 *dag* Butter
10 *dag* Brösel
20 *dag* Zucker
8 *dag* Rosinen

Butter zum Bestreichen
Zucker zum Bestreuen

Den gewaschenen Rhabarber schälen und in 1 cm dicke Stücke schneiden, die Brösel in der Butter anrösten; den dünn ausgezogenen Strudelteig zuerst mit den gerösteten Bröseln, dann mit Rhabarber, Zucker und Rosinen bestreuen; die Teigränder knapp einschlagen und mit flüssiger Butter bestreichen; Strudel einrollen; auf ein befettetes Blech legen, mit Butter bestreichen; im vorgeheizten Rohr bei 200°C auf der Mittelschiene ca. 45 Minuten backen; vor dem Servieren noch heiß mit Staubzucker bestreuen.

Apfelstrudel

Die Äpfel waschen, das Kerngehäuse entfernen, blättrig schneiden; Strudelteig ausziehen; Zucker mit Zimt vermischen, unter die Äpfel mengen; Strudelteig mit zerlassener Butter bestreichen, mit den Bröseln bestreuen und die Apfelmasse daraufgeben, Rosinen und Walnüsse darüberstreuen; die Teigränder knapp über die Fülle schlagen und mit Butter bestreichen; den Strudel einrollen, auf ein befettetes Backblech legen, wieder mit Butter bestreichen und im vorgeheizten Rohr auf der mittleren Schiene bei 190°C ca. 45 Minuten backen; während des Backens mehrmals mit Butter bepinseln.

Der Strudel kann kalt oder heiß serviert werden.

Strudelteig
siehe Grundrezept

Fülle:

1,5 kg Äpfel
insges. ca. 15 dag Butter
8 dag Brösel
15 dag Zucker
Zimt
6 dag Rosinen
8 dag gehackte Walnüsse

Topfenstrudel

Aus Butter, Zucker und Dotter einen Abtrieb bereiten, alle übrigen Zutaten einrühren, zuletzt den steif geschlagenen Schnee unterheben; die Fülle auf den ausgezogenen Strudelteig streichen; die Teigränder knapp einschlagen und mit Butter bestreichen; den Strudel zusammenrollen, auf ein befettetes Blech legen und im vorgeheizten Rohr auf der Mittelschiene bei 190°C ca. 45 Minuten backen; während des Backens mehrmals mit zerlassener Butter bestreichen.

Dieser Topfenstrudel kann warm mit Vanillesoße oder kalt serviert werden.

Strudelteig
siehe Grundrezept

Fülle:

12 dag Butter
15 dag Zucker
3 Dotter
1/4 l Sauerrahm
1/2 kg grober Topfen
5 dag Grieß
3 Eiklar
geriebene Schale von einer Zitrone
8 dag Rosinen
zerlassene Butter zum Bestreichen

Annabichler Rahmstrudel

Strudelteig siehe Grundrezept

Fülle:

- 12 dag Butter
- 6 Dotter
- 10 dag Zucker
- 1 KL Zimt
- 10 dag geriebene Mandeln
- 6 Eiklar
- 1/4 l fetter Sauerrahm
- 8 dag Semmelbrösel
- 5 dag gehackte Pignolien (Pinienkerne)
- 5 dag Rosinen

- 1/4 l heiße Milch als Aufguß

Kanarienmilch:

- 2 Dotter
- 1/2 l Milch
- 1 Pkg. Vanillezucker
- 5 dag Zucker

Butter, Zucker und Dotter schaumig rühren; Zimt, Sauerrahm, Mandeln und zuletzt den steif geschlagenen Eischnee unterheben; die Masse auf den ausgezogenen Strudelteig streichen und mit Semmelbrösel, Pignolien und Rosinen bestreuen; Strudelteig einrollen und in eine gut befettete Auflaufform geben; im vorgeheizten Rohr auf der unteren Schiene bei 200°C ca. 45 Minuten backen, nach der Hälfte der Backzeit die kochende Milch darübergießen und fertigbacken.

Kanarienmilch:
Alle Zutaten im kochenden Wasserbad schaumig rühren, sofort servieren.

*Der Strudel wird warm mit Kanarienmilch serviert.
Rezept aus der Schule Annabichl 1922/23*

Für 6 Personen

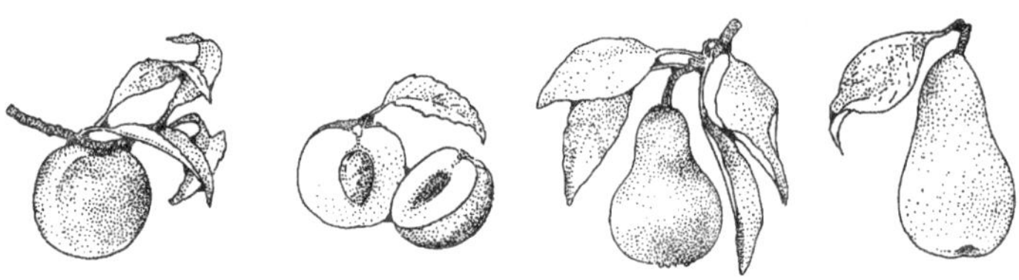

Milchrahmstrudel

Strudelteig siehe Grundrezept

Fülle:

- 12 *dag* Butter
- 10 *dag* Zucker
- 4 Dotter
- Saft und geriebene Schale von 1/2 Zitrone
- 4 Semmel
- 1/8 *l* Milch
- 1/4 *l* Sauerrahm
- 6 *dag* Rosinen
- 4 Eiklar

1/4 *l* heiße Milch als Aufguß

Die Semmel kleinwürfelig schneiden und mit der Milch befeuchten; Butter, Zucker und Dotter schaumig rühren, Zitronenschale und Sauerrahm einrühren; die Semmel beimengen und zuletzt den steifgeschlagenen Schnee unterheben; die Masse auf den dünn ausgezogenen Strudelteig streichen, mit Rosinen bestreuen; den Strudel einrollen, in eine gut bebutterte Auflaufform legen und im vorgeheizten Rohr bei 200°C ca. 45 Minuten backen; nach der halben Backzeit mit der kochenden Milch übergießen, fertigbacken.

Der Strudel wird warm mit Kanarienmilch (siehe Annabichler Rahmstrudel) serviert.

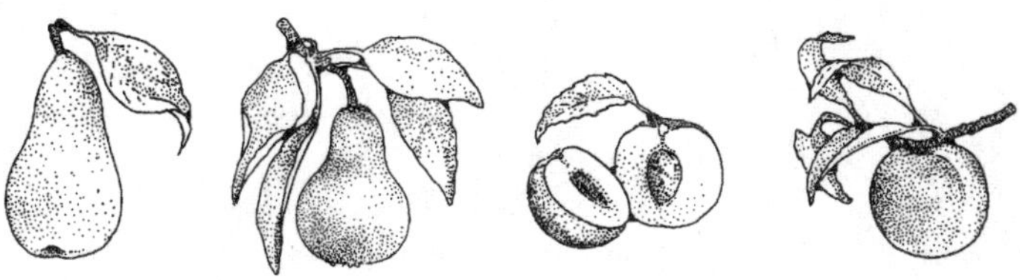

Krautstrudel

Strudelteig siehe Grundrezept

Fülle:
- 75 dag fein geschnittenes Kraut
- Salz, Kümmel
- Pfeffer oder Ingwer, gerieben
- 2 dag Zucker
- 12 dag Schweinefett
- 20 dag fein gehackte Zwiebel
- 40 dag Faschiertes (auch faschierte Fleischreste)

- 10 dag Butter
- Semmelbrösel

Zwiebel mit dem Zucker im Fett hellgelb anrösten; mit wenig Wasser aufgießen, das Kraut hineingeben, würzen und weichdünsten (am Ende der Garzeit muß die ganze Flüssigkeit verdunstet sein); das Fleisch zum Kraut geben; den ausgezogenen Strudelteig mit Butter bestreichen, mit Brösel dünn bestreuen und die Kraut-Fleisch-Fülle darauf verteilen, den Strudel einrollen, auf ein befettetes Blech legen; mit Butter bestreichen und im vorgeheizten Rohr bei 200°C auf der mittleren Schiene ca. 60 Minuten backen.

Bohnenstrudel

Strudelteig siehe Grundrezept

Fülle:
- 40 dag weiße Bohnen
- Salz
- Thymian, Lorbeerblatt
- 8 dag Speck
- 12 dag Knödelbrot
- 10 dag Fett
- Salz, Pfeffer

- 1/4 l Sauerrahm
- 1 Ei
- 2-3 dag zerlassene Butter

Die über Nacht eingeweichten Bohnen mit Salz, Thymian und Lorbeer weichkochen, abseihen, den Speck kleinwürfelig schneiden, in heißem Fett anlaufen lassen und mit den Weißbrotwürfeln knusprig rösten; mit den ausgekühlten Bohnen vermischen, abschmecken; den Sauerrahm auf den ausgezogenen Strudelteig streichen, die Fülle auftragen und den Strudel einrollen; das Ei mit der kühlen, zerlassenen Butter verquirlen und den Strudel damit bestreichen; im vorgeheizten Rohr bei 200°C auf der mittleren Schiene ca. 50 Minuten backen.

Bohnenstrudel schmeckt am besten frisch aus dem Ofen - mit Rohnensalat (Rote-Rüben-Salat).

Gemüsestrudel

Das Wurzelgemüse sauber putzen und in Streifen schneiden; Porree und Zwiebel waschen, putzen und in feine Ringe schneiden; die gewaschenen, geputzten Pilze blättern; den Speck klein würfeln; Brösel in Butter anrösten; Zwiebel in heißem Öl anlaufen lassen; Speck darin glasig rösten, das Gemüse dazugeben und alles anschwitzen lassen und würzen; die gehackte Petersilie und die Eier unterrühren; die Fülle ganz auskühlen lassen und abschmecken; den ausgezogenen Strudelteig mit den Bröseln bestreuen, die Fülle gleichmäßig aufstreichen; den Strudel einrollen und mit Butter bestreichen; im vorgeheizten Rohr bei 200°C ca. 45 Minuten backen.

Strudelteig siehe Grundrezept

Fülle:

30 *dag* Karotten
30 *dag* Sellerie
25 *dag* Petersilwurzeln
30 *dag* Zwiebeln
30 *dag* Porree
ev. 15 *dag* Stein- oder Herrenpilze
15 *dag* Bauchspeck
1 Bund grüne Petersilie fein gehackt
Salz, Ingwer
3 Eier
5 *dag* Öl

10 *dag* Butter
8 *dag* Brösel

Zaja

Strudelteig siehe Grundrezept
zerlassene Butter

Fülle:
50 *dag faschiertes Rindfleisch*
10 *dag* Fett
1 *fein gehackte Zwiebel*
Salz
Ingwer
Paprika
Majoran
1/4 *l Sauerrahm*
1 Dotter

Strudelteig laut Grundrezept zubereiten; für die Fülle die Zwiebel im heißen Fett goldgelb anlaufen lassen; mit allen übrigen Zutaten glatt verrühren; eine große rechteckige Auflaufform befetten; den Strudelteig dünn ausziehen und in 10-12 gleichmäßige Rechtecke (gleich groß wie die Auflaufform) schneiden; einen Fleck in die Auflaufform legen, mit zerlassener Butter bestreichen, den nächsten Teigfleck darauflegen, mit flüssiger Butter bestreichen; 5-6 Teigstücke in die Form legen; die Fülle aufstreichen; die restlichen Teigstücke einzeln wieder mit Butter bestrichen darüberlegen; im vorgeheizten Rohr bei 200°C ca. 45 Minuten backen.

Rezept nach Prato (1858)

Fleischstrudel

Strudelteig siehe Grundrezept

Fülle:
10 *dag* Fett
1 *fein gehackte Zwiebel*
Salz
Ingwer
etwas Basilikum
ca. 50 *dag faschierte Fleischreste*
2 Eier

10 *dag zerlassene* Butter *zum Bestreichen*

Strudelteig laut Grundrezept zubereiten. Fett erhitzen und die fein gehackte Zwiebel darin goldgelb anrösten; mit den Gewürzen und den Eiern unter das faschierte Fleisch mischen, abschmecken; diese Fülle auf den ausgezogenen Strudelteig streichen; den eingerollten Strudel mit zerlassener Butter bestreichen; Strudel auf ein befettetes Blech legen und im vorgeheizten Rohr bei 200°C ca. 40 Minuten backen.

Lungenstrudel aus Germteig

Einen Germteig bereiten und gut abschlagen, 30 Minuten gehen lassen, dünn ausrollen; mit Fülle bestreichen, einrollen; gehen lassen und mit zerklopftem Ei bestreichen; 50 Minuten bei 175°C backen.

Fülle:
Beuschl mit Wurzelwerk und Gewürzen weichkochen, von der Luftröhre und zu viel Fett befreien, faschieren (1,3 kg Beuschl ergibt ca. 75 dag faschierte Masse).
Faschiertes Beuschl mit Petersilie, Ei, geriebener Zitronenschale und geriebenem Ingwer vermischen und abschmecken.

Dieser Lungenstrudel kann heiß zu Sauerkraut, sauren Rüben und dgl. serviert werden.
Früher aß man ihn auch als Suppeneinlage in heißer Rindsuppe.
Der Lungenstrudel läßt sich auch gut einfrieren.

40 *dag* Mehl
Salz
2 Eier
6 *dag* Butter

Dampfl:
3 *dag* Germ
1 KL Zucker
knapp 1/8 *l* Milch

Fülle:
1 mittleres Schweinsbeuschl (ca. 1,3 *kg*)
Wurzelwerk (Karotten, Porree, Sellerieknolle, ev. Petersilwurzel)
Salz
Lorbeer
Thymian
fein gehackte Petersilie
Ingwer
Zitronenschale
1 Ei

zerklopftes Ei zum Bestreichen

Schwammerlstrudel aus Topfenblätterteig

Teig:
- 20 dag Topfen, trocken und passiert
- 20 dag Butter
- 20 dag Mehl
- 1 Prise Salz

Fülle:
- 76 dag geputzte Schwämme (Herrenpilze, Eierschwammerln, Mischpilze)
- 5 dag Butter
- 1 Zwiebel, fein gehackt
- viel Petersiliengrün, fein gehackt
- Salz
- 1 Msp. Pfeffer
- ca. 1/4 l Sauerrahm

Für den Teig die sehr kalte Butter mit einem groben Reibeisen in das gesalzene Mehl reiben und verbröseln, mit dem Topfen zu einem Teig verkneten, diesen 30 Minuten kaltstellen; dann den Teig dreimal ausrollen und zusammenschlagen, wieder 30 Minuten kaltstellen; 1/2 cm dick zu einem Rechteck ausrollen, füllen, einrollen, mit zerklopftem Ei bestreichen; im vorgeheizten Rohr bei 200°C ca. 45-50 Minuten backen.

Fülle:
Zwiebel in der heißen Butter anlaufen lassen, die blättrig geschnittenen Pilze dazugeben, würzen, weichdünsten; nach dem Erkalten so viel Sauerrahm dazugeben, daß die Masse streichfähig ist.

Rezept von Frau Kapus

Beilagen, Soßen

Linsengemüse

Die Linsen über Nacht einweichen; mit wenig Wasser weichkochen (Einweichwasser verwenden!); die weißen Teile des Porree ringelig schneiden und im heißen Fett gelb anlaufen lassen, mit Mehl stauben, mit etwas Kochwasser von den Linsen aufgießen, glattrühren und zu den Linsen geben; abschmecken und gut verkochen lassen.
Die geschälten und gewürfelten Erdäpfel kann man gesondert in Salzwasser garen oder mit den Linsen mitkochen.

Linsengemüse kann als Beilage zu Selchwürsten oder Selchfleisch serviert werden.

35 dag Linsen
2 Stangen Porree
5 dag Fett
3 dag Mehl
Salz
Ingwer
Essig oder Zitronensaft
50 dag Erdäpfel

Tarhonya

- 30 *dag* Mehl
- 2 Eier
- 10 *dag* Fett
- 1 fein gehackte Zwiebel
- 1/2 *l* Wasser
- Salz

Mehl und Eier zu einem Reibteig zusammenkneten, mit einem groben Reibeisen zu Reibgerstl reiben, trocknen lassen; Zwiebel in Fett hellgelb anlaufen lassen, das getrocknete Reibgerstl dazugeben und ein wenig mitrösten; mit heißem Wasser aufgießen, salzen; wie Reis dünsten und als Beilage zu Fleisch servieren.

Kürbisgemüse

- 50 *dag* Kürbis (von Schale und Kernen befreit)
- 6 *dag* Fett
- 1 fein gehackte Zwiebel
- Salz
- Kümmel
- 1 Bund Dill, fein gehackt
- 1 EL Mehl
- 1/8 *l* Süßrahm

Den vorbereiteten Kürbis blättrig schneiden; die Zwiebel im Fett goldgelb anlaufen lassen, mit ca. 1/4 l Wasser aufgießen; den Kürbis und die Gewürze dazugeben; weichdünsten; Obers mit Mehl absprudeln, zum Gemüse geben und gut verkochen lassen (eventuell etwas Wasser nachgießen).

Falls man das Kürbisgemüse gern säuerlich hat, gibt man 1 EL Essig dazu.
Kürbisgemüse paßt gut zu Faschiertem, gekochtem Rindfleisch und Geselchtem.

Paradeisstrankerln

- 50 *dag* Strankerln (= Fisolen)
- 25 *dag* Paradeiser
- 6 *dag* Fett
- 1 Zwiebel, fein gehackt
- Salz
- Bohnenkraut
- 1 Msp. Paprika

Die Strankerln waschen, putzen und bei Bedarf mit schrägen Schnitten in kleinere Stücke schneiden; die Paradeiser vierteln; die Zwiebel in heißem Fett hellgelb anlaufen lassen; Paradeiser und Strankerln dazugeben, würzen, mit wenig Wasser weichdünsten.

Diese Beilage paßt besonders gut zu gekochtem Selchfleisch.

Dillsoße

Dill fein hacken; das Mehl in heißer Butter hell anlaufen lassen und mit so viel Suppe aufgießen, daß eine sämige Soße entsteht; Dill und Rahm beimengen und die Soße 5-10 Minuten leicht verkochen lassen; vor dem Anrichten mit Salz abschmecken.

Dillsoße wird gerne zu gekochtem Rindfleisch serviert.

5 dag Butter
4 dag Mehl
1/2 l Rindsuppe
1 Bund Dill
1/8 l Süßrahm
Salz

Erdäpfelsoße

Die roh geschälten und gewürfelten Erdäpfel mit den Gewürzen knapp mit Wasser bedecken und weichkochen; für die Einbrenn Zwiebel in heißem Fett anrösten, Mehl kurz anlaufen lassen, aufgießen, die Erdäpfel im Kochwasser grob zerstampfen, mit der Einbrenn eindicken und gut verkochen lassen; mit Apfelessig abschmecken.

Erdäpfelsoße wird gerne zu gekochtem Selchfleisch oder „grünem“ gekochten Schweinsbauch gereicht.

60 dag Erdäpfel
Salz
Thymian
Lorbeerblatt
6 dag Fett
2 dag Mehl
1 fein gehackte Zwiebel
etwas Apfelessig

Saure Rüben

Die Rüben mit dem Wasser und den Gewürzen weichkochen, mit dem heißen Grammelschmalz abschmalzen und zu Blutwurst, Maischerln (Leberln), abgeschmalzenen Bohnen usw. servieren.

1/2 kg saure Rüben
1/2 l Wasser
Salz
5 Wacholderbeeren
1 Lorbeerblatt
8 dag Grammelschmalz

Gedünstetes Sauerkraut

50 *dag* Sauerkraut	
6 *dag* Fett	
1 *großer, roher* Erdapfel	
1 *große, fein gehackte* Zwiebel	

Das Sauerkraut knapp mit Wasser bedeckt weichdünsten, die Zwiebel fein hacken und in heißem Fett goldgelb anlaufen lassen, ins gedünstete Kraut geben; den Erdapfel waschen, schälen, fein reiben und rasch gleichmäßig unter das Kraut rühren (wenn man die Erdäpfel nicht gut verteilt, entstehen kleine Klumpen); gut aufkochen lassen; abschmecken.

Neugesäuertes Kraut

1 *kg* Weißkraut	
8 *dag* Fett	
1 *große, fein gehackte* Zwiebel	
1 EL Mehl	
1/2 *l* Wasser	
Salz	
2 *gestrichene* KL Paprikapulver	
Kümmel	
1 EL Sauerrahm	
Essig *nach Geschmack*	

Das fein geschnittene Kraut mit Salz und Kümmel vermischen, die Zwiebel in heißem Fett hellgelb anrösten, das Mehl leicht mitrösten, aufgießen, umrühren und das Kraut dazugeben, ebenso Paprika und Sauerrahm; das Kraut unter mehrmaligem Umrühren weichdünsten; kurz vor dem Anrichten säuern und noch einmal aufkochen.

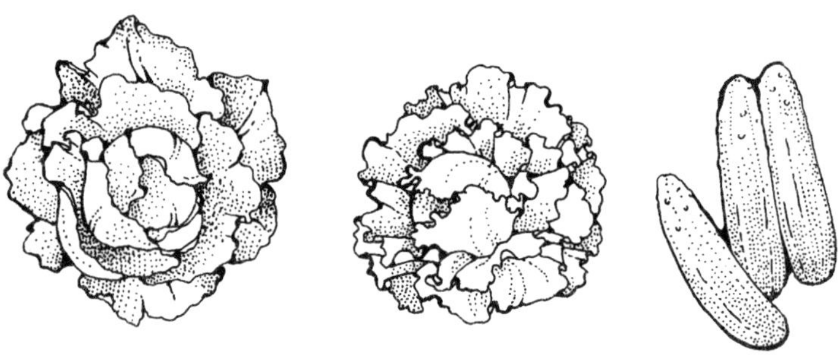

Gedünstetes Blaukraut

Das Blaukraut mit Salz und Kümmel vermischen; die Zwiebel mit dem Zucker in heißem Fett goldgelb anlaufen lassen, mit Rotwein oder Gärmost aufgießen; das Kraut und die in Spalten geschnittenen Äpfel hineingeben, eventuell noch etwas Wasser dazugießen, weichdünsten.

Gedünstetes Blaukraut schmeckt wunderbar zu Wild, gebratener Ente oder Schweinsbraten.

- 1 *kg* Blaukraut, *gehobelt*
- 2 Äpfel
- 1 KL Kümmel, *gemahlen*
- Salz
- 8 *dag* Fett
- 3 *dag* Zucker
- 1 *große* Zwiebel, *fein gehackt*
- 3/16 *l* Rotwein *oder* Gärmost
- *ev.* 1/4 *l* Wasser

Serviettenknödel

Milch, Öl, Eier und die Gewürze miteinander versprudeln, die Semmelwürfel dazugeben, gut verrühren und mindestens 1 Stunde rasten lassen; eine Stoffserviette in heißes Wasser tauchen, gut ausdrehen, die Semmelmasse in Form einer Rolle (6-8 cm Durchmesser) darauflegen, straff einwickeln und mit Spagat wie eine Salami öfters abbinden; in viel kochendes Salzwasser einlegen und langsam ca. 50 Minuten kochen; die fertige Rolle auswickeln und in ca. 2 cm dicke Scheiben schneiden.

- 25 *dag* Knödelbrot (*oder* 6 *altbackene* Semmeln)
- 1/4 *l* Milch
- 1/8 *l* Öl
- 4 Eier
- Salz
- Muskat
- 1 Bund Petersilie

Vanillesoße

1 l Milch *10 dag Zucker* *1 Pkg. Vanillezucker* *2 Dotter* *2 dag Maizena* *ev. etwas Rum*	Dotter und Maizena in 1/4 l Milch glatt verrühren; die restliche Milch mit Zucker und Vanillezucker zum Kochen bringen, das Dotter-Maizena-Gemisch unter ständigem Rühren beimengen und einmal gut aufkochen lassen.

Marillensoße

1/2 kg Marillen *1/8 l Wasser* *10 dag Zucker* *Zitronensaft*	Die Marillen waschen, entkernen, mit dem Wasser weichdünsten, pürieren oder passieren; das Fruchtmark mit Zucker und etwas Zitronensaft gut aufkochen; mit soviel Wasser verdünnen, daß eine sämige Soße entsteht, abschmecken.

Erdbeer- oder Himbeersoße

75 dag frische Früchte *18 dag Zucker* *Zitronensaft* *Wasser*	Die Früchte pürieren oder durch ein Haarsieb streichen, mit Zucker und Zitronensaft vermischen und mit soviel abgekochtem Wasser verdünnen, daß eine sämige Soße entsteht.

Hollersoße

1 l Hollersuppe (siehe Rezept auf Seite 22) *4 dag Butter* *2 dag Mehl* *ev. etwas Zucker*	Aus Butter und Mehl eine helle Einmach rühren; die fertige Hollersuppe mit dem Schneebesen glatt einrühren, aufkochen lassen und eventuell nachzuckern; heiß servieren. *Hollersoße kann auch als eigener Nachtisch kalt mit einem Tupfen Schlagobers serviert werden.*

Salate

Gemischter Salat

Linsen, Bohnen, Sellerie, Erdäpfel und Eier separat kochen (Linsen und Bohnen über Nacht einweichen); auskühlen lassen; für das Dressing die Dotter passieren, würzen, mit Öl abtreiben und mit etwas Essig abschmecken; Sellerie und Erdäpfel blättrig schneiden, jedes Gemüse separat zuerst mit einem Essig-Wasser-Gemisch ansäuern, mit dem Dotterdressing abmachen und auf einer Salatplatte schön anrichten, mit fein gehacktem Eiweiß garnieren.	12 *dag* Linsen 15 *dag* Bohnen 1 *große* Sellerieknolle 50 *dag* Erdäpfel 2 Eier Salz 1 KL Senf Pfeffer 1 Msp. Zucker *gut* 1/16 *l* Öl 1/8 *l* Essig 1/8 *l* Wasser

Rezept aus der Schule Annabichl, 1923

Saure-Milch-Gurken

1/2 l Sauermilch
Salz
Kümmel, gemahlen
Knoblauch nach Geschmack
1 große Salatgurke

Die Sauermilch mit den Gewürzen gut verrühren; die Gurke waschen, schälen (die Gurkenenden wegschneiden und kosten, ob sie bitter ist!), hobeln und mit der Sauermilch vermischen.

Saure-Milch-Gurken werden in der heißen Jahreszeit mit gekochten Erdäpfeln in der Schale serviert.

Blaukrautsalat

25 dag Blaukraut
Salzwasser
1 Schuß Essig

Soße:

1/4 l Joghurt
2 EL Öl
1-2 EL Apfelessig
1 KL Honig
1 EL Kren, frisch gerieben
1-2 Äpfel

Salzwasser aufkochen, einen Schuß Essig dazugeben und über das fein geschnittene Blaukraut gießen, 10 Minuten zugedeckt ziehen lassen, abseihen; die Zutaten für die Soße verrühren und mit den geraspelten Äpfeln unter das Blaukraut mischen.

Sauerkrautsalat

Das Sauerkraut ganz grob hacken, den Apfel hineinreiben, die fein gehackte Zwiebel und das Öl unter das Kraut mischen, mit Petersilie anrichten.
Zu saures Kraut kann man mit kaltem Wasser abschwemmen.

- 50 dag Sauerkraut
- 1 großer Apfel
- 1 Zwiebel
- 5 EL Öl
- 1 Bund gehackte Petersilie

Karottenrohkost

Die gewaschenen, geputzten Karotten und die Äpfel fein reiben, beides mit den grob gehackten Nüssen vermengen und mit Zitronensaft und Honig abschmecken.

- 30 dag Karotten
- 20 dag Äpfel
- 6 dag Walnüsse
- Zitronensaft nach Geschmack
- 1 gehäufter KL Honig

Chicoréesalat

Den Sauerrahm mit den Gewürzen vermischen, Chicorée nudelig schneiden, die Äpfel grob raspeln und beides mit der Salatsoße vermischen.

- 40 dag Chicorée
- 2 mittelgroße Äpfel
- 1 Becher Sauerrahm
- 1 KL Honig
- 1 KL Senf
- 1 KL Dill, fein gehackt
- 1 KL Petersilie, fein gehackt
- 1 Msp. Salz

Chinakohlsalat

1 Chinakohl
1 Becher Joghurt
3 EL Öl
2 EL Essig
1 KL Honig
1-2 EL Kren, frisch gerieben
Salz

Den sauberen Chinakohl fein nudelig schneiden; das Joghurt mit den Gewürzen verrühren und mit dem Chinakohl vermengen.

Grüner Salat – verschiedene Marinaden

1-2 Häuptel Kopfsalat je nach Größe und Bedarf werden geputzt, zerteilt, gewaschen, abgetropft, mit einer der folgenden Soßen abgemacht und sofort serviert.

Essig-Öl-Marinade:
Salz,
Apfelessig, Öl,
fein geschnittener Schnittlauch

Joghurt-Kren-Marinade:
1 Becher Joghurt
3 EL Öl
2 EL Apfelessig
1 KL Honig
1-2 EL frisch geriebener Kren
Salz

Knoblauch-Dill-Marinade:
1/8 l Süßrahm
1/8 l Joghurt
1 EL Senf
Salz
1-2 Knoblauchzehen, gepreßt
1 EL Dill, fein gehackt

Buttermilch-Marinade:
1/4 l Buttermilch
2-3 EL Öl
1 KL Honig
Salz, 1 KL Senf
etwas Zitronensaft

Basilikum-Marinade:
1/8 l Süßrahm
1/8 l Joghurt
Salz
1 EL fein gehacktes Basilikum

Endiviensalat mit Rahmmarinade

Endivien putzen, waschen und in 1 cm breite Streifen schneiden; Erdäpfel schälen und fein blättern; für die Soße alle Zutaten verrühren und mit dem Endiviensalat und den Erdäpfeln vermischen.

1 mittlerer Kopf Endivien
3-4 mittelgroße, frisch gekochte Erdäpfel

Soße:
1/8 l Süßrahm
1/8 l Sauerrahm
2 KL Senf
ev. 1 EL Apfelessig
Salz
2 Zehen Knoblauch, gepreßt
1 Bund Schnittlauch, fein geschnitten

Endiviensalat mit Rettich

Endiviensalat waschen und nudelig schneiden; den Rettich aufraspeln; das Joghurt mit den übrigen Zutaten zu einer Salatsoße verrühren, mit dem Salat vermischen.

1 Kopf Endivien
1 kleiner schwarzer Rettich

1/4 l Joghurt
2 EL Öl
1-2 EL Apfelessig
1 KL Honig
1 Msp. Salz
1 EL frisches Basilikum, fein gehackt

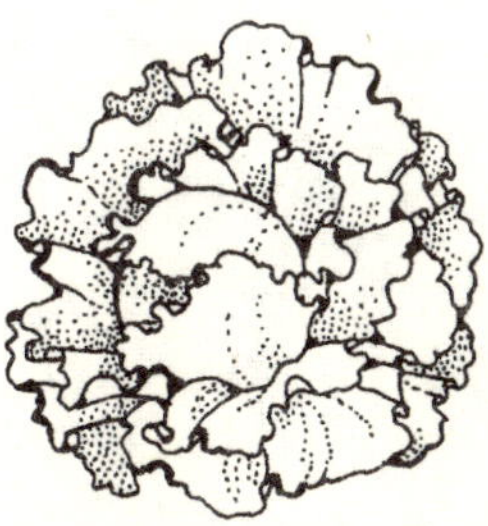

Fenchelsalat

50 dag Fenchelknollen
2 Äpfel

Soße:
1/4 l Sauerrahm
1 Msp. Salz
1 KL Honig
1 Msp. Ingwer
Fenchelgrün, fein gehackt

Den gewaschenen, geputzten Fenchel feinnudelig schneiden; die Äpfel grob raspeln; aus Sauerrahm und den übrigen Gewürzen eine Salatsoße rühren, mit dem Salat vermengen; mit dem fein gehackten grünen Fenchelkraut bestreuen.

Paradeissalat

60 dag Paradeiser
2 grüne Paprika

Soße:
2 EL Öl
1-2 EL Apfelessig
1 Msp. Salz
1 KL gehackter Dill
1 KL gehackter Borretsch
1 KL Honig
1 kleine Zwiebel, fein gehackt
1 EL Petersilie, fein gehackt

Paradeiser achteln, die ausgeputzten Paprikaschoten fein nudelig schneiden; Essig und Öl schaumig rühren, mit den übrigen Soßenzutaten vermischen und über den Salat geben, vorsichtig umrühren und etwas ziehen lassen.

Spinatsalat mit Äpfeln

Den Spinat waschen und entstielen, bei großen Blättern in 1,5 cm breite Streifen schneiden; die Äpfel waschen und kleinwürfelig schneiden, zum Spinat mischen; die Soßenzutaten zu einer Marinade rühren und abschmecken, mit dem Salat vermischen, sofort servieren.

25 dag zarter Spinat
25 dag Äpfel

Soße:

1/8 l Joghurt
1/8 l Süßrahm
2 EL Apfelessig
1 EL Öl
1 KL Honig
Salz
1 KL frischer Thymian, fein gehackt (bei trockenem etwas weniger)

Fenchelsalat mit Karotten

Den gewaschenen Fenchel vierteln, die Strünke ausschneiden und den Fenchel dünn blättern; die Karotten grob raspeln, den Apfel kleinwürfelig schneiden; für die Soße alle Zutaten gut verrühren, abschmecken, mit dem Salat mischen, und mit Fenchelgrün bestreuen.

25 dag Fenchel geputzt
25 dag Karotten
1 Apfel
Fenchelgrün

Soße:

1/4 l Joghurt
3 EL Öl
2 EL Apfelessig
1 KL Senf
1 KL Honig
1 Msp. Salz

Torten & Nachspeisen

Biskuitroulade schwarz-weiß

4 *Eiklar*
1 EL *Wasser*
7 *dag Zucker*
4 *Eidotter*
8 *dag Mehl*
Fülle:
6 *dag Zucker*
1 *Ei*
3 EL *Mehl*
1/4 *l Milch*
6 *dag Staubzucker*
20 *dag Butter*
9 *dag Schokolade*

Eiklar und Wasser sehr steif schlagen, mit der halben Zuckermenge nochmals steif aufschlagen; die Dotter und den restlichen Zucker untermischen und das Mehl einheben; ein Backblech mit Backpapier belegen, die Masse fingerdick auftragen (nicht bis zum Rand) und im vorgeheizten Rohr bei 220°C ca. 15 Minuten backen; herausnehmen, auf eine mit Staubzucker bestreute Serviette stürzen und das Papier sofort abziehen (falls das Papier angebacken ist, ein feuchtes Tuch darauflegen).
Für die Fülle 6 dag Zucker, Ei, Mehl und Milch unter ständigem Rühren aufkochen, auskühlen lassen und schaumig rühren; Butter und gesiebten Staubzucker schaumig rühren und die Milchmasse löffelweise unter ständigem Rühren beimengen; Schokolade im Wasserbad erweichen und damit einen Teil der Fülle färben; die Rolle mit brauner und weißer Creme füllen, indem man die Hälfte der Teigplatte mit der hellen Creme, die zweite Hälfte mit der dunklen Creme bestreicht; dann einrollen und außen mit der restlichen Creme verzieren.

Eberndorfer Topfengitterkuchen

Eier mit Zucker, Vanillezucker, Zitronenschale und Salz dickschaumig rühren, Öl und warmes Wasser löffelweise unterrühren, Mehl mit Backpulver versieben und untermengen; Masse auf einem befetteten Backblech glattstreichen.
Für den Belag Topfen mit Zucker, Dotter, Vanillezucker und Zitronenschale gut verrühren und die Masse in einen Spritzsack mit größerer glatter Tülle füllen, gitterförmig auf den Teig dressieren.
Im vorgeheizten Rohr auf mittlerer Schiene bei 180°C ca. 30 Minuten backen, mit Staubzucker bestreuen, erst ausgekühlt in Stücke schneiden.

Rezept von Frau Ingeborg Kummer

5 Eier
25 dag Staubzucker
1 Pkg. Vanillezucker
Schale von 1/2 Zitrone
1 Prise Salz
1/8 l Öl
1/8 l Wasser
10 dag Weizenmehl
10 dag Dinkelmehl
1 KL Backpulver
Fett für das Backblech

Belag:
75 dag Topfen (20 %)
10 dag Staubzucker
5 Dotter
2 Pkg. Vanillezucker
Schale von 1/2 Zitrone
Staubzucker zum Bestreuen

Eberndorfer Ribiselkuchen

Butter flaumig rühren Dotter und Zucker abwechselnd einrühren, Sauerrahm löffelweise in den Abtrieb mischen, Mehl mit Backpulver versieben, zum Abtrieb geben; die Masse auf ein befettetes, bemehltes Blech streichen, bei 180°C hellbraun backen.
Ribisel auf dem vorgebackenen Kuchen gleichmäßig verteilen; aus dem Eiklar sehr festen Schnee schlagen, Kristallzucker löffelweise einschlagen; Eischnee in einen Spritzsack füllen und auf die Ribisel ein dichtes Gitter spritzen; bei 100°C ca. 40-50 Minuten im Rohr trocknen lassen.

Rezept von Frau Thekla Aichholzer

25 dag Butter
25 dag Zucker
6 Dotter
1/4 l Sauerrahm
50 dag Mehl
1/2 Pkg. Backpulver

Belag:
1 kg rote Ribisel
6 Eiklar
30 dag Kristallzucker

Eberndorfer Mohn-Apfel-Kuchen

4 Eiklar
18 dag Zucker
1 KL Vanillezucker
4 Dotter
3 dag Rosinen
3 EL Rum
Schale von 1/2 Zitrone
3-4 Äpfel, geraspelt
20 dag Mohn
2 EL Mehl
1 Prise Backpulver
Marmelade zum Bestreichen

Glasur:
30 dag Staubzucker
Saft von 1 Zitrone

Rosinen über Nacht in Rum einweichen; Eiklar mit der Hälfte der Zuckermenge zu sehr festen Schnee schlagen, restliche Zuckermenge mit den Eidottern abwechselnd in den Eischnee schlagen, die grob geraspelten Äpfel in die Eimasse mengen; Mohn, Mehl und Backpulver vermischen und mit Rosinen und geriebener Zitronenschale vorsichtig unter die Teigmasse heben; in eine gut befettete und bebröselte Königskuchenform füllen; 20 Minuten bei 180°C und weitere 40 Minuten bei 160°C backen.
Nach dem Auskühlen mit Marmelade bestreichen und glasieren.
Für die Glasur Zitronensaft und Staubzucker zu einer glatten Masse verrühren.

Rezept von Frau Thekla Aichholzer

Rahmgugelhupf

1/4 l Süßrahm
25 dag Feinkristallzucker
3 Dotter
1 Pkg. Vanillezucker
25 dag Mehl
1/2 Pkg. Backpulver
3 Eiklar

Rahm, Zucker, Dotter und Vanillezucker schaumig rühren, Eiklar zu sehr steifem Schnee schlagen; das mit Backpulver versiebte Mehl mit dem Schnee unter die Schaummasse ziehen; die Masse in eine gut befettete und mit Mehl bestaubte Gugelhupfform füllen; im vorgeheizten Rohr bei 175°C auf der unteren Schiene 50-60 Minuten backen.

Zitronenkuchen

Aus Butter, Zucker, Zitronensaft, Dotter und Rahm einen Abtrieb bereiten; den steif geschlagenen Eischnee und das mit dem Backpulver versiebte Mehl unterheben; die Masse auf ein befettetes, bemehltes Blech streichen; bei 180-200°C im vorgeheizten Rohr ca. 45-50 Minuten backen; für die Glasur Staubzucker mit dem Zitronensaft glatt verrühren und den goldgelb gebackenen Kuchen noch ganz heiß glasieren; vor dem Portionieren auskühlen lassen.

25 *dag* Butter
35 *dag* Feinkristallzucker
45 *dag* Mehl
1 *Pkg.* Backpulver
1/8 *l* Süßrahm
5 Dotter
Saft einer Zitrone
5 Eiklar

Glasur:
20 *dag* Staubzucker
Saft von 1 1/2 Zitronen

Dunkler Obstkuchen

Butter, Zucker, Vanillezucker, Rum und Dotter sehr schaumig rühren; den steif geschlagenen Eischnee mit dem mit Backpulver und Kakao versiebten Mehl und den Gewürzen unterziehen; die Masse auf ein befettetes, bemehltes Blech streichen, mit Obsthälften (Schnittfläche nach oben) belegen; bei 200°C 45 Minuten backen.

15 *dag* Mehl
3 *dag* Kakao
1 KL Zimt
1 Msp. Neugewürz, gemahlen
1 KL Backpulver
6 *dag* geriebene Nüsse
20 *dag* Butter
30 *dag* Feinkristallzucker
1 *Pkg.* Vanillezucker
1 Schuß Rum
6 Dotter
6 Eiklar
6 *dag* Brösel

Belag:
1 *kg* Steinobst (Zwetschken, Marillen oder Kirschen)

Mürber Obstkuchen mit Schneehaube

Mürbteig:
- 60 dag Mehl
- 40 dag Butter
- 20 dag Staubzucker
- 4 Dotter
- Schale von 1/2 Zitrone gerieben

- 1 kg Früchte (Ribisel rot oder schwarz, Schwarzbeeren)

Schneehaube:
- 4 Eiklar
- 24 dag Kristallzucker

Mehl, Staubzucker und Zitronenschale vermengen, die sehr kalte Butter hineinschneiden oder mit dem groben Reibeisen hineinreiben; mit den Händen sehr rasch zu einem Mürbteig kneten, den Teig 1-2 Stunden im Kühlschrank rasten lassen; dann den Teig in Blechgröße ausrollen, auf das Backblech legen, mit der Gabel öfters einstechen, im vorgeheizten Rohr bei 200°C ca. 20 Minuten hell anbacken; für die Schneehaube aus den Eiklar sehr steifen Schnee schlagen, den Kristallzucker glatt einschlagen; Beeren unter den steifen Schnee heben; die Masse auf den heißen, angebackenen Kuchen streichen und ca. 25 Minuten bei 200°C fertigbacken.
Die Oberfläche des Kuchens soll goldgelb sein.

Becherkuchen

- 1/2 Becher Öl (= 1/8 l)
- 1 Becher Feinkristallzucker
- 1 Becher Sauerrahm oder Süßrahm
- 1 Becher Ovomaltine oder Nesquik
- 3 Eier
- 1 Becher geriebene Wal- oder Haselnüsse oder Mandeln
- 1 Becher Mehl
- 1/2 Pkg. Backpulver

Öl, Zucker, Eier, Rahm und Ovomaltine mit der Schneerute rasch verrühren; Nüsse und das mit dem Backpulver versiebte Mehl unterziehen, in eine gut befettete und bemehlte Bischofsbrotform füllen und im vorgeheizten Rohr bei 175°C ca. 60 Minuten backen.

Diesen Kuchen können auch kleinere Kinder allein zubereiten.

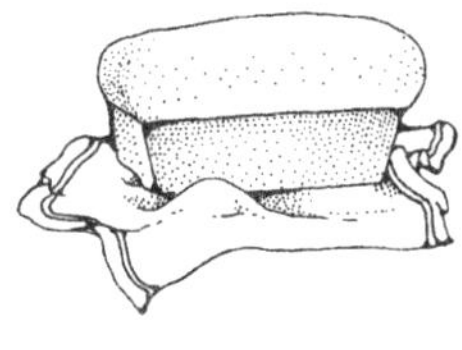

Drauhofener Apfelschlankel

Mehl, Staubzucker und Vanillezucker vermengen, das sehr kalte Schweinefett hineinschneiden; mit den Knethaken des Handmixers und mit den Händen daraus sehr rasch einen Mürbteig kneten und bei Bedarf etwas Milch oder Wasser beifügen; den Teig 1-2 Stunden im Kühlschrank rasten lassen; dann daraus zwei rechteckige Platten in Blechlänge ausrollen; die Zutaten der Fülle mischen, auf jedes Teigblatt in der Mitte der Länge nach eine Zeile von Apfelfülle geben, eine Seite der Teigplatte über die Fülle schlagen, diese mit Eiklar bestreichen (damit die 2. Hälfte anklebt), die zweite Hälfte überschlagen; den Strudel mit geradelten Teigstreifen verzieren, mit zerklopftem Ei bestreichen; im vorgeheizten Rohr auf der unteren Schiene bei 200°C ca. 45 Minuten backen.

Die Äpfel unbedingt erst unmittelbar vor dem Auflegen mit der Zuckermischung vermengen, sie ziehen sonst zu viel Saft.

60 dag Mehl
20 dag Schweinefett
20 dag Staubzucker, gesiebt
1 Pkg. Vanillezucker
2 Eier

Fülle:

1 kg Äpfel, geraspelt
8 dag Zucker
etwas Zimt
1 Msp. Nelkenpulver
Schale von 1/2 Zitrone

Heller Obstkuchen

Butter und Zucker schaumig rühren; den steif geschlagenen Schnee und das Mehl unterheben; die Masse auf ein befettetes und bemehltes Blech streichen und mit beliebigem Obst eng belegen (Steinobst entkernen und mit der Schnittfläche nach oben auflegen); im vorgeheizten Rohr bei 200°C ca. 50 Minuten backen.

25 dag Butter
25 dag Zucker
5 Dotter
1 Pkg. Vanillezucker
25 dag Mehl
5 Eiklar

Belag:

1 kg Obst

Maria Saaler Zucchinikuchen

3 ganze Eier
1 1/2 Tassen Staubzucker (1 Tasse = 200 ml)
1 Tasse Öl
3 Tassen Mehl
1 KL Natron
1 KL Backpulver
1/2 Tasse Rosinen
2 Tassen Zucchini, geraspelt
1 KL Lebkuchengewürz

Die Eier schaumig schlagen; Zucker und Öl dazu mischen und weiter schaumig rühren; Rosinen und geraspelte Zucchini unter das mit Backpulver und Natron vermischte Mehl mengen und vorsichtig unter den Abtrieb heben; die Masse 2 cm hoch auf ein befettetes, bemehltes Blech streichen und im vorgeheizten Rohr bei 180°C ca. 45 Minuten backen.

Rezept von Frau Ingrid Felsberger, Maria Saal

Walnuß-Schokolade-Schnitten

4 Eier
4 eischwer Zucker
4 eischwer Mehl
4 eischwer erwärmte Schokolade
4 eischwer Butter

Belag:
10 dag gehackte Walnüsse

Butter, Zucker, Eier und Schokolade schaumig rühren; Mehl unterheben; die Masse auf ein befettetes, bemehltes Blech streichen; mit den gehackten Nüssen bestreuen; im vorgeheizten Rohr bei 180°C ca. 30 Minuten backen.

Die Hausfrauen hatten früher meist eine Waage mit Gewichten. Daher hat man die Eier auf die eine Waagschale gelegt und die übrigen Zutaten in die andere. Man rechnet auf 1 Ei 5 dag der jeweiligen Zutat; bei kleineren Eiern 4 dag.

Hunnenbrunner Nußtorte

Eiklar ganz steif schlagen, den Zucker und nacheinander die Dotter einschlagen; die Nüsse und die mit Rum befeuchteten Brösel unterheben, die Masse in eine befettete, bemehlte Tortenform füllen und bei 175°C im vorgeheizten Rohr ca. 60 Minuten backen; die Torte vollkommen erkaltet zweimal durchschneiden und mit zwei Drittel der Schokolade- oder Kaffeecreme füllen; ein Drittel der Creme zum Bestreichen der Torte und zum Verzieren verwenden.

Creme:
Milch, Zucker, Dotter, Maizena und Schokolade oder Kaffee kalt verrühren und zum Kochen bringen (bis es blubbert), im Wasserbad kaltrühren; die Butter sehr schaumig abtreiben und die Creme darin löffelweise glatt einrühren.

10 Eiklar
25 dag Zucker
10 Dotter
30 dag geriebene Nüsse
12 dag Brösel
etwas Rum

Creme:
1/4 l Milch
10 dag Feinkristallzucker
3 Dotter
1 EL Maizena
2 EL geriebene Kochschokolade oder
1 EL Löskaffee
25 dag weiche Butter

Buchhofer Nußtorte

Zucker und Dotter schaumig rühren, den steifgeschlagenen Schnee und das mit den Nüssen vermengte Mehl vorsichtig daruntermischen, die Masse in eine befettete und bemehlte Form geben, ca. 50 Minuten bei 175°C backen.
Die erkaltete Torte zweimal durchschneiden und mit zwei Drittel der Schokolade- oder Kaffeecreme füllen; ein Drittel der Creme zum Bestreichen der Torte und zum Verzieren verwenden.

20 dag Feinkristallzucker
6 Dotter
5 dag Brösel
Rum
15 dag geriebene Nüsse
6 dag Mehl
6 Eiklar

Creme:
wie Hunnenburger Nußtorte

Schwarze Nüsse

Dazu werden grüne Nüsse verwendet, solange auch die innere Nußschale noch weich ist. Dazu pflückt man sie Ende Juni, Anfang Juli.

Jede Nuß mit einer Spicknadel mehrmals durchstechen, 14 Tage in kaltem Wasser am besten im Kühlschrank liegen lassen, dabei das Wasser täglich erneuern; die Nüsse abseihen, in leicht gesalzenem Wasser vorsichtig so weich kochen, daß sie von einer Nadel herabfallen, wenn man sie ansticht; über Nacht wieder in kaltes Wasser geben, abseihen, wiegen; für 50 dag Nüsse 60 dag Zucker und 1/2 l Wasser kochen, bis die Masse klar ist, 2 Gewürznelken und 5 cm Zimtrinde in einem Mullsackerl kurz mitkochen, die Zuckerlösung heiß über die Nüsse gießen.

An den nächsten 4 Tagen die Flüssigkeit abgießen, 5 Minuten aufkochen, überkühlt wieder über die Nüsse gießen, dabei jedes Mal 1 EL Zucker beimengen; am sechsten Tag die Zuckerlösung bis zur kleinen Perle kochen, die Nüsse darin mehrmals aufwallen lassen; die Nüsse in Einsiedegläser geben, die ausgekühlte Zuckerlösung darüberleeren und die Gläser verschließen.

Man kann diese Nüsse fein geschnitten in Mehlspeisen z.B. Bischofsbrot oder als Nascherei verwenden. Der Sirup schmeckt ausgezeichnet als Überguß bei Vanilleeis oder Vanillepudding.

Rezept nach Prato aus 1858

Apfeltorte

Für den Teig aus Butter, Zucker, Salz und Eiern einen Abtrieb bereiten, das mit dem Backpulver versiebte Mehl einrühren, die Masse in eine gut befettete Springform füllen, dabei den Teig am Rand etwas hochziehen; die fertige Fülle darauflegen und im vorgeheizten Rohr auf der unteren Schiene bei 175°C ca. 60 Minuten backen.
Für die Fülle aus Butter, Zucker und Eiern einen Abtrieb rühren, die grob geraffelten Äpfel mit Zitronensaft beträufeln, mit der Kokosette vermischen und unter den Abtrieb mengen.

Äpfel mit harter Schale muß man schälen.

Teig:
10 *dag* Butter
10 *dag* Staubzucker
2 Eier
1 Prise Salz
20 *dag* Mehl
2 KL Backpulver

Fülle:
10 *dag* Butter
10 *dag* Feinkristallzucker
3 Eier
8 *dag* Kokosette
75 *dag* Äpfel
3 EL Zitronensaft

Bischofsbrot

Dotter, Vanillezucker und die Hälfte des Zuckers sehr schaumig rühren; die Eiklar zu sehr steifem Schnee schlagen und mit der halben Zuckermenge fest ausschlagen, bis die Masse glänzt; den Schnee, das Mehl, die Früchte und die Schokolade gleichzeitig vorsichtig unter die Dottermasse heben; eine gut befettete und bemehlte Bischofsbrotform zu drei Vierteln mit der Masse anfüllen; im vorgeheizten Rohr auf der unteren Schiene bei 175°C ca. 50 Minuten backen.

5 Dotter
5 Eiklar
15 *dag* Feinkristallzucker
1 *Pkg.* Vanillezucker
15 *dag* Mehl
6 *dag* Butter
3 *dag* Rosinen
3 *dag* Aranzini, *klein gehackt*
3 *dag* Nüsse, *grob gehackt*
3 *dag kandierte* Früchte *oder* Quittenkäse, *klein gewürfelt*
3 *dag* Kochschokolade, *klein gehackt*

Magdalensberger Nußkuchen

30 *dag* Mehl	Mehl mit Backpulver versieben, mit Zucker, Milch und Salz zu einem Teig rühren; die ganzen Walnüsse daruntermengen, in eine bebutterte, bemehlte Kastenform füllen und im vorgeheizten Rohr bei 160°C 60 Minuten backen.
15 *dag* Zucker	
40 *dag* Walnüsse	
1/8 *l* Milch	
1 Prise Salz	
1 Pkg. Backpulver	

Dieser Nußkuchen schmeckt dünngeschnitten und ev. dünn mit Butter gestrichen vorzüglich zu Tee oder Wein.

Rezept von Frau Anneliese v. Mohrenschildt

Gebackene Topfentorte

30 *dag* Mehl
1/2 Pkg. Backpulver
12 *dag* Butter
10 *dag* Staubzucker
1 Ei
1 EL Milch
geriebene Schale einer ungespritzten Zitrone

Fülle:

12 *dag* Butter
15 *dag* Staubzucker
2 Eier
50 *dag* Topfen
2 *dag* Maizena
3 *dag* Mehl
1/2 *l* Milch
1 Pkg. Vanillezucker

Mehl mit Backpulver versieben, mit Zucker vermischen, die kalte Butter mit dem groben Reibeisen hineinreiben und die ganze Masse mit den Knethaken des Handmixers oder auf einem Brett abbröseln; Ei, Milch und Zitronenschale einarbeiten, kühlstellen.

Für die Fülle aus Butter, Zucker und Eiern einen Abtrieb bereiten; Topfen, Maizena, Mehl, Milch und Vanillezucker unter den Abtrieb rühren. Eine gefettete Springform mit dem Teig auslegen, Teig am Rand hochziehen; die flüssige Fülle in die Form geben; 60 Minuten bei 180°C auf der unteren Schiene backen.

Abbildungen auf den folgenden vier Seiten:
Topfenreinkerln (Rezept Seite 54)
Polsterzipfel (Rezept Seite 141)
Brandteigpyramide (Rezept Seite 149)
Kärntner Reindling (Rezept Seite 158)

KLAGENFURT
weist
bau
KLEINE ZEITUNG
Adventsingen

Hunnenbrunner Topfentorte

Biskuit:
4 Eiklar
20 dag Zucker
4 Dotter
15 dag Mehl

Fülle:
50 dag Topfen passiert
Saft und geriebene Schale einer ungespritz-ten Zitrone
8 Blatt Gelatine
1/4 l Milch
10 dag Kristallzucker
1 Pkg. Vanillezucker
3 Dotter
1/2 l Schlagobers

Eiklar sehr steif schlagen, Zucker unter ständigem Weiterschlagen in den Schnee rieseln lassen, Dotter einzeln nacheinander einschlagen, Mehl unterheben; in eine nur am Boden befettete und bemehlte Form füllen; 50 Minuten bei 175°C backen.
Nach dem vollständigen Erkalten den Tortenboden einmal durchschneiden, den oberen Teil verkehrt in die Tortenform legen, den Tortenrand mit einem doppelten Streifen Butterpapier auslegen (verhindert Metallgeschmack der Fülle), Fülle hineingeben, mit dem zweiten Teil des Biskuits abdecken, sodaß die glatte gebackene Seite nach oben zeigt; die Torte nun mindestens 5 Stunden (am besten über Nacht) im Kühlschrank rasten lassen; vor dem Servieren aus Tortenform lösen, mit Schlagobers und Erd- oder Himbeeren verzieren.

Fülle:
Topfen mit Zitronensaft und -schale in eine größere Schüssel geben, Gelatine in kaltem Wasser einweichen; Milch mit Zucker und Vanillezucker zum Kochen bringen, von der Platte nehmen und die ausgedrückte Gelatine darin auflösen, in die überkühlte Flüssigkeit die Dotter einschlagen und alles unter den Topfen rühren; in die überkühlte, aber noch nicht feste Masse das Schlagobers unterziehen.

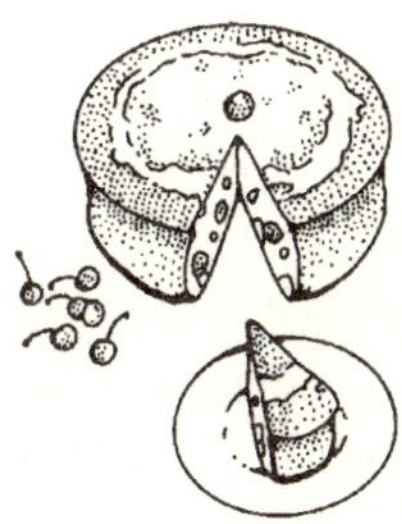

Abbildungen auf den vier vorhergehenden Seiten:
Kranzkuchen (Rezept Seite 160)
Germteigzopf (Rezept Seite 156)
Hunnenbrunner Kletzenbrot (Rezept Seite 170)
Lebkuchensterne (Rezept Seite 154)

Obst-Topfen-Streuselkuchen

15 dag Topfen
8 dag Zucker
6 EL Öl
6 EL Milch
1 Pkg. Vanillezucker
1 Ei
40 dag Mehl
1,5 Pkg. Backpulver
1 kg Marillen oder Zwetschken

Sreusel:
20 dag Mehl
12 dag Zucker
10 dag geriebene Nüsse
1 Msp. Zimt
20 dag Butter

Topfen, Zucker, Öl, Milch, Vanillezucker und Ei schaumig rühren, Mehl mit Backpulver versieben und unterkneten, ausrollen, auf ein befettetes, bemehltes Backblech geben, mit halbierten Marillen oder Zwetschken belegen (Schnittfläche nach oben, damit der Saft nicht ausrinnt), für den Streusel alle trockenen Zutaten vermischen und mit den Knethaken die kühlflüssige Butter zu einer sterzartigen Masse unterrühren; über das Obst streuen; im vorgeheizten Rohr bei 200°C ca. 45 Minuten backen.

Rezept von Frau Mädler

Schmalzmuas

30 dag Mehl
2 Eier
15 dag Butter
3/4-1 l Milch
Salz
5 dag Rosinen
Staubzucker und Zimt zum Bestreuen

Aus Mehl und Eiern einen Reibteig kneten, mit einem groben Reibeisen zu Reibgerstl reiben, trocknen lassen; Butter erhitzen, das Reibgerstl darin etwas anlaufen lassen; mit heißer Milch aufgießen; Salz und Rosinen beigeben und wie Reis ausdünsten; mit Zucker und Zimt servieren.

Schmalzmuas soll nicht zu trocken sein, deshalb eventuell etwas mehr heiße Milch beigeben.

Buchhofer Rehrücken

14 *dag* Butter
14 *dag* Staubzucker
6 Dotter
14 *dag geriebene* Mandeln oder Nüsse
14 *dag geriebene* Schokolade
8 *dag* Brösel (*mit* Rum *befeuchtet*)
6 Eiklar
Ribiselmarmelade *zum* Bestreichen

Schokoladeglasur:
20 *dag* Würfelzucker
20 *dag* Wasser
12 *dag* Kochschokolade
3 *dag* Butter

Butter mit dem Staubzucker und den Dottern flaumig rühren, die trockenen Zutaten miteinander vermischen; Abtrieb und trockene Zutaten vorsichtig unter den steifgeschlagenen Eischnee heben, in eine nur befettete, nicht bemehlte Rehrückenform füllen; ca. 60 Minuten bei 175°C backen; vor dem Herausstürzen den Rehrücken in der Form überkühlen lassen.
Nach dem Erkalten den Rehrücken mit heißer Ribiselmarmelade dünn bestreichen, mit Schokoladeglasur überziehen; mit geschälten, gestiftelten Mandeln 2 Reihen oben und je eine Reihe links und rechts spicken.

Glasur:
Schokolade und Butter im Wasserbad vollkommen erweichen, den Würfelzucker mit dem Wasser bis zur kleinen Perle kochen und in ein kaltes Wasserbad stellen - nicht umrühren! - wenn sich auf der Zuckermasse ein kleines Häutchen gebildet hat, die Masse löffelweise glatt unter die Schokolade-Butter-Mischung rühren (nur so viel Zuckermasse einrühren, daß die Glasur einen Kochlöffel dicklich überzieht).

Aus der Fachschule Buchhof aus 1949

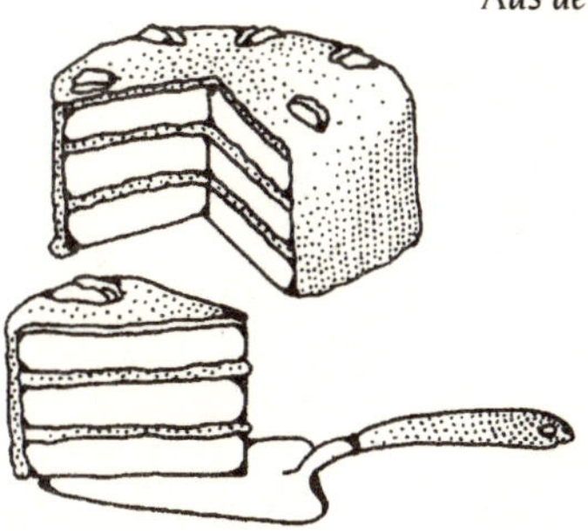

Sachertorte

14 *Eiklar*
30 *dag* Feinkristallzucker
30 *dag* Butter
30 *dag* Schokolade
14 Dotter
30 *dag* Mehl
ca. 30 *dag* Marillenmarmelade, passiert

Schokoladeglasur:

25 *dag* Würfelzucker
1/4 *l* Wasser
15 *dag* Kochschokolade
4 *dag* Butter

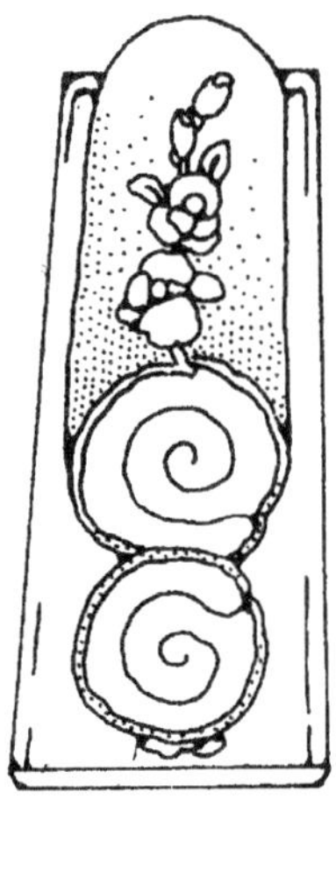

Butter und Schokolade im Wasserbad oder in einem Topf bei schwacher Hitze (Stufe 1/2) zerschleichen lassen; die Eiklar zu ganz steifem Schnee schlagen, bei laufendem Mixer zuerst den Zucker einlaufen lassen und dann die Dotter einzeln dazurühren, das Mehl vorsichtig unter die Masse heben, die lippenwarme flüssige Butter-Schokolade-Mischung ebenfalls vorsichtig unterheben; in eine nur am Boden befettete und bemehlte Tortenform füllen; im vorgeheizten Backrohr auf der unteren Schiene bei 150°C 90 Minuten backen.
Die Masse erst vollständig erkaltet aus der Form lösen, mit heißer Marmelade dünn oben und an der Seite bestreichen und mit Schokoladeglasur überziehen.

Schokoladeglasur:
Schokolade und Butter im Wasserbad vollkommen erweichen; den Würfelzucker mit dem Wasser bis zur kleinen Perle kochen und in ein kaltes Wasserbad stellen. Wenn sich auf der Zuckermasse ein kleines Häutchen gebildet hat, die Masse löffelweise unter die Schokolade-Butter-Mischung rühren.
Nur soviel Zuckermasse einrühren, daß die Glasur einen Kochlöffel dicklich überzieht.

Rezept von Konditormeister Zniva, Bodensdorf

Hadnmehltorte

20 *dag* Butter	
10 Dotter	
geriebene Schale von 1 ungespritzten Zitrone	
24 *dag* Feinkristallzucker	
20 *dag* Hadnmehl	
10 Eiklar	
Ribiselmarmelade zum Bestreichen	

Für den Tortenboden Butter, Dotter, Zucker und geriebene Zitronenschalen schaumig rühren, den steif geschlagenen Schnee abwechselnd mit Hadnmehl unterheben, in eine am Boden bebutterte und bemehlte Tortenform füllen und im vorgeheizten Rohr bei 175°C auf der unteren Schiene ca. 60 Minuten backen; ausgekühlt mit Ribiselmarmelade bestreichen und mit Zitronen- oder weißer Glasur überziehen.

Zitronenglasur:

- 2 *dag* Würfelzucker
- 1/8 *l* Wasser

- 25 *dag* Staubzucker
- Zitronensaft nach Geschmack

Würfelzucker mit dem Wasser bis zur Perle spinnen und so lange im Wasser überkühlen, bis sich ein dünnes Häutchen an der Oberfläche bildet (nicht umrühren); soviel gesponnenen Zucker in den mit Zitronensaft vermischten gesiebten Staubzucker einrühren, daß sich die Masse rühren läßt; die Masse eine Viertelstunde mit dem Handmixer rühren, eventuell noch gesponnenen Zucker beimengen - ein eingetauchter Kochlöffel soll sich gleichmäßig dicklich überziehen.
Man kann der Glasur statt Zitronensaft auch einen hellen Obstbrand, z.B. Barack, zusetzen, um damit ein anderes Aroma zu erzielen.

Schnelle weiße Glasur:

- 38 *dag* Staubzucker
- 1/2 Eiklar
- kochendes Wasser
- ev. Geschmackszutaten: Orangensaft oder Himbeersaft (tropfenweise)
- oder 2 EL schwarzer Kaffee
- oder weißer Rum

Den Staubzucker sieben und mit etwas kochendem Wasser und dem 1/2 Eiklar lange glatt verrühren; Geschmackszutaten einrühren - der Rücken eines Kochlöffels muß sich dicklich mit Glasur überziehen.

Brandteigkrapferln mit Schokoladensoße

Brandteig:
- 1/4 *l* Wasser
- 4 *dag* Butter
- Salz
- 22 *dag* Mehl
- 4 Eier

Fülle:
- 1/4 *l* Süßrahm, steif geschlagen
- 1 Pkg. Vanillezucker

Soße:
- 10 *dag* Kochschokolade
- 10 *dag* Staubzucker
- 3 *dag* Butter
- 1/2 KL Maizena
- 1/16 *l* Wasser

Das Wasser mit dem Salz und der Butter zum Kochen bringen; das Mehl einrühren und solange weiterrühren, bis sich der Teig von Topf und Kochlöffel löst; in eine Rührschüssel geben und nacheinander einzeln die Eier gründlich einrühren; mit einem Spritzsack auf ein gut befettetes Backblech Häufchen dressieren; im vorgeheizten Rohr bei 220°C ca. 40 Minuten backen, dabei die ersten 20 Minuten das Backrohr nicht öffnen; wenn die Krapferln hoch aufgegangen und schon hellbraun sind, die Temperatur auf 175°C reduzieren; auskühlen lassen und mit dem mit Vanillezucker versetzten, steif geschlagenen Schlagobers füllen; anrichten und mit heißer Schokoladesoße übergießen.

Für die Soße alle Zutaten in einen Topf geben und bis knapp vor dem Sieden sämig rühren.

Marillenkoch

- 1 Semmel
- 1/16 *l* Süßrahm
- 5 *dag* Butter
- 6 Dotter
- 10 *dag* Zucker
- 10 *dag* geriebene Mandeln
- 14 *dag* passierte oder pürierte rohe Marillen
- 6 Eiklar

Semmel mit dem Süßrahm befeuchten, ziehen lassen, passieren oder pürieren; Butter, Dotter und Zucker schaumig rühren, die angefeuchtete Semmelmasse, die Marillen und die Mandeln dazurühren, die Eiklar zu steifem Schnee schlagen und unterheben; in eine befettete Auflaufform füllen und im vorgeheizten Rohr bei 200°C auf der unteren Schiene ca. 45-50 Minuten backen.

Schmeckt heiß aus der Röhre und auch kalt gut!
Rezept nach Prato 1858

Buchhofer Cremetorte

Aus Butter, Zucker und Dottern einen Abtrieb bereiten; etwas Zucker zurückbehalten und unter den bereits steif geschlagenen Schnee schlagen (bleibt besser steif); die Brösel mit dem Mehl vermengen und abwechselnd mit dem Eischnee unter den Abtrieb heben.
Bei 175°C 50-60 Minuten (wenn möglich bei mehr Unterhitze) backen.

Creme:
Dotter, Zucker, Schokolade und Milch über Dampf dicklich schlagen, im Wasserbad kalt rühren; diese Masse löffelweise in die schaumig gerührte Butter einrühren.
Die gut ausgekühlte Torte zweimal durchschneiden, mit Creme füllen und mit dünner Schokoladeglasur überziehen.

Schokoladeglasur:
Schokolade und Butter im Wasserbad vollkommen erweichen; den Würfelzucker mit dem Wasser bis zur kleinen Perle kochen und in ein kaltes Wasserbad stellen, nicht umrühren! Wenn sich auf der Zuckermasse ein kleines Häutchen gebildet hat, die Masse löffelweise unter die Schokolade-Butter-Mischung rühren.
Nur soviel Zuckermasse einrühren, daß die Glasur einen Kochlöffel dicklich überzieht.

12 *dag Butter*
15 *dag Feinkristallzucker*
6 Dotter
10 *dag Biskuitbrösel oder Semmelbrösel*
5 *dag Mehl*
6 Eiklar

Creme:
25 *dag Butter*
4 Dotter
1/4 *l Milch*
2 EL *geriebene Kochschokolade*

Schokoladeglasur:
25 *dag Würfelzucker*
1/4 *l Wasser*
15 *dag Kochschokolade*
4 *dag Butter*

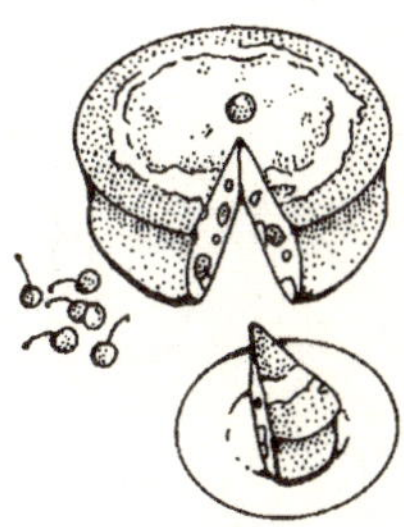

Brandteigschwäne

Brandteig:
- 1/4 *l* Wasser
- 4 *dag* Butter
- Salz
- 22 *dag* Mehl
- 5 Eier

Creme zum Füllen:
- 1/4 *l* Milch
- 1 EL Maizena
- 10 *dag* Zucker
- 1 *Pkg.* Vanillezucker
- 3 Dotter
- 3 Blatt Gelatine
- 1/4 *l* geschlagener Süßrahm

Das Wasser mit dem Salz und der Butter zum Kochen bringen, Mehl einrühren und so lange auf der Herdplatte weiterrühren, bis der Teig sich als glatter Klumpen von Topfrand und Kochlöffel löst; den Teig in eine Rührschüssel geben und ein Ei nach dem anderen glatt einrühren (vom gerührten Ei darf nichts mehr zu sehen sein, wenn man das nächste einrührt); von 2/3 des Brandteiges mit einem Löffel längliche Häufchen auf ein befettetes Blech formen (8-10 Stück); das letzte Teigdrittel in einen Spritzsack füllen und damit gleich viel Zweier (ca. 8 cm hoch) auf ein zweites befettetes Backblech dressieren; getrennt bei 220°C (Heißluft 190°C) im vorgeheizten Rohr goldbraun backen - mindestens 20 Minuten das Backrohr nicht öffnen, gegen Ende der Backzeit die Hitze eventuell etwas reduzieren; ausgekühlt die länglichen Krapferln aufschneiden und mit Vanillecreme füllen; die gebackenen Zweier mit dem unteren Querbalken in die Krapferln stecken; überzuckert servieren.

Creme:
Gelatine kalt einweichen; Milch, Maizena, Zucker, Dotter und Vanillezucker kalt zustellen und unter ständigem Rühren zum Kochen bringen; vom Herd nehmen; die ausgedrückte Gelatine glatt in die heiße Creme rühren; die Creme im Wasserbad unter häufigem Umrühren auskühlen lassen; unter die ausgekühlte Masse das Schlagobers einheben.

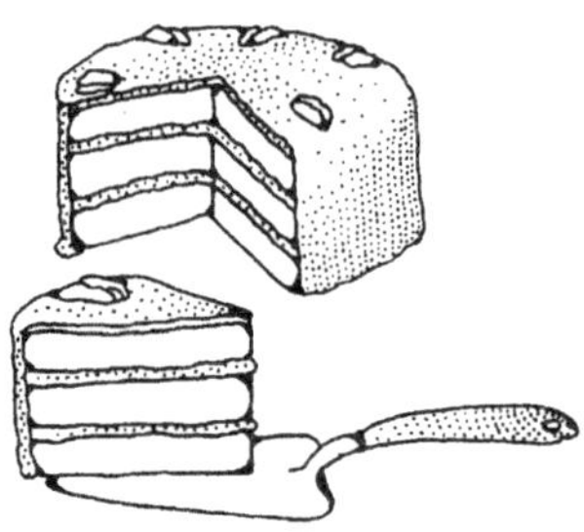

Karottengugelhupf

Butter, 2/3 des Zuckers und Vanillezucker sehr schaumig rühren und die Dotter einzeln nacheinander einrühren; die Karotten unter den Abtrieb mengen; den ganz steif geschlagenen Schnee mit 1/3 des Zuckers weiter aufschlagen und vorsichtig unter den Abtrieb ziehen; Mehl mit Backpulver versieben, mit Schokolade und Nüssen vermengen und unter den Teig heben; in einer gut befetteten, bemehlten Gugelhupfform im vorgeheizten Rohr bei 175°C auf der unteren Schiene ca. 65 Minuten backen.
Den Gugelhupf erst überkühlt aus der Form nehmen.

- 25 dag Weizenmehl
- 1/2 Pkg. Backpulver
- 25 dag Butter
- 25 dag Zucker
- 1 Pkg. Vanillezucker
- 5 Dotter
- 10 dag Kochschokolade, gerieben
- 10 dag Walnüsse, gerieben
- 30 dag Karotten, fein gerieben
- 5 Eiklar

Gänseliesl

Die Äpfel waschen, schälen, vierteln und entkernen; mit wenig Wasser, den Gewürzen und dem Zucker weichdünsten, kaltstellen; das Brot kleinwürfelig schneiden, in der heißen Butter knusprig rösten; in eine mittelgroße Glasschüssel abwechselnd eine Schicht gedünstete Äpfel und geröstetes Brot geben; das Schlagobers mit dem Löffel nockenförmig über die Oberfläche verteilen; gleich servieren.

- 55 dag Äpfel
- 8 dag Zucker
- geriebene Schale und Saft von einer Zitrone
- Zimtrinde
- Gewürznelken
- etwas Wasser

- 13 dag Vollkornbrot
- 4 dag Butter
- 1/8 l geschlagener Süßrahm

Mandeltorte

21 dag Butter
21 dag Zucker
6 Dotter
geriebene Schale von einer Zitrone
28 dag geriebene Mandeln
6 dag Maizena
6 Eiklar

Ribiselgelee

Glasur:
2 dag Würfelzucker
1/8 l Wasser
25 dag Staubzucker, gesiebt
Zitronen- oder Orangensaft nach Geschmack

Für die Torte Butter, Zucker, Dotter und Zitronenschale schaumig rühren; Mandeln mit Maizena vermischen; Eiklar zu Schnee schlagen und abwechselnd mit dem Mandel-Maizena-Gemisch unter den Abtrieb heben, in eine nur am Boden befettete und bemehlte Tortenform füllen und im vorgeheizten Rohr bei 175°C ca. 60 Minuten backen; erkaltet mit heißem Ribiselgelee bestreichen und mit Zitronen- oder Orangenglasur überziehen.

Glasur:
Würfelzucker mit dem Wasser bis zur Perle spinnen und so lange im Wasser überkühlen, bis sich ein dünnes Häutchen an der Oberfläche bildet (nicht umrühren), den Zitronen- oder Orangensaft zum Staubzucker geben und dann soviel gesponnenen Zucker einrühren, daß sich die Masse rühren läßt; die Masse eine Viertelstunde mit dem Handmixer rühren, eventuell noch gesponnenen Zucker beimengen - ein eingetauchter Kochlöffel soll sich gleichmäßig dicklich überziehen; damit die Torte glasieren.
Im Originalrezept von 1858 wird die Hälfte der Masse in der Tortenform glatt verstrichen, dann gibt man dünn geschnittene, eingesottene Nüsse darauf (schwarze Nüsse) und dann den Rest der Tortenmasse.

Rezept nach Prato, 1858

Sauermilchtorte

Tortenboden:
- 4 ganze Eier
- 4 Dotter
- 14 dag Zucker
- 14 dag Haselnüsse, gerieben
- 7 dag Brösel
- 4 Eiklar

Creme:
- 1/2 l Sauermilch
- 4-5 EL Staubzucker
- 1/4 l Süßrahm, steif geschlagen
- 7 Blatt Gelatine
- 3 EL kochendes Wasser

- ca. 20 dag Himbeeren
- 2 EL Staubzucker, gesiebt
- 1 Pkg. Tortengelee

Für den Tortenboden Eier, Dotter und Zucker sehr schaumig rühren, Haselnüsse und Brösel und zuletzt den sehr steif geschlagenen Eischnee unterheben; die Masse in eine nur am Boden befettete und bemehlte Tortenform füllen und im vorgeheizten Rohr auf der unteren Schiene bei 175°C ca. 45 Minuten backen; nach dem Erkalten den Tortenboden aus der Form nehmen und einmal durchschneiden. (Man braucht nur eine Hälfte für eine Torte; die zweite Hälfte kann man einfrieren und ein anderes Mal verwenden.) Tortenboden in die Form zurücklegen, den Tortenrand mit einem doppelten Streifen Butterpapier auskleiden.

Creme:
Gelatine kalt einweichen, die Sauermilch mit Staubzucker verrühren, die ausgedrückte Gelatine in heißem Wasser auflösen (dieses darf nicht mehr kochen) und unter die Sauermilch rühren; das steife Schlagobers unterziehen und die Creme auf dem Tortenboden gleichmäßig verteilen, die Himbeeren daraufgeben, leicht andrücken und überzuckern.
Das Tortengelee nach Anleitung auflösen und vorsichtig mit einem Löffel über die Himbeeren gießen. Torte mindestens eine Stunde in den Kühlschrank stellen.

Man kann statt der Himbeeren 5-7 Kiwi (je nach Größe) schälen, in 4-5 mm dicke Scheiben schneiden und diese auf die Creme legen. Mit diesem Belag sollte die Torte aber möglichst rasch verbraucht werden (die Creme wird durch die Kiwischeiben rasch bitter).

Rezept von Konditormeister Zniva, Bodensdorf

Früchtebrot

50 *dag* Roggenmehl
25 *dag* Staubzucker
1 1/2 KL Natron
2 EL Zimt
3 *dag* Lebkuchengewürz
Schale von 1/2 Zitrone
25 *dag gehackte* Nüsse
10 *dag* Aranzini, 5 *dag* Zitronat, 35 *dag* Feigen – *alles klein geschnitten*
15 *dag* Rosinen
2 EL Honig
ca. 1/2 *l* Milch
1 Ei

Roggenmehl mit Staubzucker, Natron und Zimt versieben; mit dem Lebkuchengewürz und der geriebenen Zitronenschale vermischen; den Honig mit der Milch gut verrühren, das Ei unterrühren und dieses Gemisch über die geschnittenen Früchte und Nüsse schütten; nun das Mehl-Zucker-Gewürzgemisch unterziehen (die Masse soll in dicken Patzen vom Kochlöffel fallen, falls sie zu trocken ist, noch etwas Milch dazugeben); eine flache Backwanne mit gut befettetem Butterpapier auslegen und den Teig einfüllen; im vorgeheizten Rohr bei 175°C ca. 65 Minuten backen, Backrohr ausschalten und das Früchtebrot noch 10 Minuten im Rohr lassen; gut ausgekühlt schneiden.

Dieses Früchtebrot hält sehr lange!

Apfelkompott

60 *dag* Äpfel
3/4 *l* Wasser
10 *dag* Zucker
3 Gewürznelken
1 Stück Zimtrinde
1/2 *ungespritzte* Zitrone

Die Äpfel waschen, schälen, vierteln, das Kerngehäuse ausschneiden, mit Zitronensaft beträufeln; das Wasser mit dem Zucker und den in ein Sackerl eingebundenen Gewürzen zum Kochen bringen, die Äpfel lagenweise einlegen und vorsichtig weichkochen (sollen nicht zerfallen); die Apfelspalten nach dem Garen gleich in Kompottschüsserln anrichten und den überkühlten Saft darübergießen.

Apfelradln in Weinteig

Für den Weinteig Mehl, Wein, Dotter, Zucker und Salz glatt verrühren; die flüssige, überkühlte Butter und die verquirlten (nicht geschlagenen) Eiklar untermengen, sofort verwenden.
Die Äpfel waschen, das Kerngehäuse ausstechen, die Äpfel in 1 cm dicke Scheiben schneiden; diese Scheiben zuerst beidseitig in Mehl wenden, dann in den Weinteig tauchen; im nicht zu heißen Fett schwimmend beidseitig goldbraun herausbacken; auf einem Gitter abtropfen lassen, mit Zucker bestreut servieren.

4 schöne, große Äpfel (ca. 80 dag)
Mehl zum Wälzen

Weinteig:
20 dag Mehl
1/4 l Weißwein
2 Dotter
1 EL Zucker
Salz
4 dag flüssige Butter
2 Eiklar

Fett zum Backen
Staubzucker zum Bestreuen

Polsterzipfel

Alle Zutaten zu einem glatten Teig kneten, wenn nötig etwas Milch dazugeben; den Teig höchstens 0,3 cm dick ausrollen; Rhomben ausradeln und im nicht zu heißen Fett schwimmend goldgelb ausbacken.
Nach dem Einlegen in das heiße Fett gleich vorsichtig umrühren - der Teig geht sonst nicht auf!

50 dag Mehl
1/4 l Süßrahm
Salz
ev. etwas Milch

Fett zum Backen

Blätterteigtorte

40 dag Blätterteig
1 *Eigelb*
50 *dag* Powidl
1/2 *l geschlagener Süßrahm*

Tortenform (30 cm Durchmesser)

Backrohr auf 220°C vorheizen, aus dem ausgerollten Blätterteig 2 Teiplatten in der Größe des Tortenformbodens ausschneiden; eine Teigplatte in die mit Wasser bespritzte Tortenform geben und ca. 15 Minuten backen; die zweite Teigplatte mit zerklopftem Eigelb bestreichen, in 12 gleichmäßige Keilstücke schneiden und ebenfalls backen; nach dem Auskühlen den ganzen Tortenboden mit Powidl bestreichen; darauf gleichmäßig das steif geschlagene Schlagobers verteilen und nun vorsichtig die Tortenstücke der zweiten Platte darauflegen; kühl servieren!

Nußtorte

8 *Dotter*
28 *dag Zucker*
8 *Eiklar*
6 *dag* Brösel
28 *dag geriebene* Nüsse
1 *Pkg. Vanillezucker*
etwas Zitronensaft

Zitronenglasur:
2 *dag* Würfelzucker
1/8 *l Wasser*
25 *dag Staubzucker*
Zitronensaft nach Geschmack

Dotter mit Zucker und Vanillezucker schaumig rühren, den sehr steif geschlagenen Schnee abwechselnd mit Bröseln, Nüssen und Zitronensaft vermischen; in eine befettete und bemehlte Tortenform füllen und im vorgeheizten Rohr bei 175°C ca. 60 Minuten backen; nach dem Auskühlen mit Zitronenglasur überziehen und mit halbierten Nüssen verzieren.

Zitronenglasur:
Würfelzucker mit dem Wasser bis zur Perle spinnen und so lange im Wasser überkühlen, bis sich ein dünnes Häutchen an der Oberfläche bildet (nicht umrühren); den Zitronensaft zum Staubzucker geben und dann soviel gesponnenen Zucker einrühren, daß sich die Masse rühren läßt; die Masse eine Viertelstunde mit dem Handmixer rühren, eventuell noch gesponnenen Zucker beimengen - ein eingetauchter Kochlöffel soll sich gleichmäßig dicklich überziehen; die Torte damit glasieren.

Hafners Hadnmehltorte

Dotter mit Zucker schaumig rühren, die geriebene Schokolade untermengen und das mit dem Natron versiebte Hadnmehl abwechselnd mit dem sehr steifen Eischnee unterheben; die Masse in eine am Boden befettete und bemehlte Tortenform füllen und im vorgeheizten Rohr bei 175°C ca. 60 Minuten backen, gut ausgekühlt stürzen, mit heißem Ribiselgelee bestreichen; mit Zitronenglasur glasieren.

7 Dotter
14 dag Zucker
14 dag Schokolade
7 dag Hadnmehl (Buchweizenmehl)
1 Msp. Natron
7 Eiklar

20 dag Ribiselgelee

Zitronenglasur:

Für die Glasur den Würfelzucker mit dem Wasser bis zur Perle spinnen und so lange im Wasser überkühlen, bis sich ein dünnes Häutchen an der Oberfläche bildet (nicht umrühren); den Zitronensaft zum Staubzucker geben und dann soviel gesponnenen Zucker einrühren, daß sich die Masse rühren läßt; die Masse eine Viertelstunde mit dem Handmixer rühren, eventuell noch gesponnenen Zucker beimengen - ein eingetauchter Kochlöffel soll sich gleichmäßig dicklich überziehen; damit die Torte glasieren.

Zitronenglasur:
2 dag Würfelzucker
1/8 l Wasser
25 dag Staubzucker
Zitronensaft nach Geschmack

Rezept von Heidemarie Hafner

Mürber Mohnstrudel

50 *dag* Erdäpfel
60 *dag* Mehl
1 *Pkg.* Backpulver
20 *dag* Butter
20 *dag* Staubzucker
1 *Pkg.* Vanillezucker
Schale von 1/2 ungespritzten Zitrone
2 Eier

Fülle:

35 *dag* gemahlener Mohn
1/4 *l* Milch
2 EL Honig
15 *dag* Feinkristallzucker
1 *Pkg.* Vanillezucker
Rum nach Geschmack
1 KL Zimt
Schale von 1/2 ungespritzten Zitrone
5 *dag* Powidl oder Zwetschkenmus

Für die Fülle Milch, Honig, Zucker und Vanillezucker aufkochen, den Mohn einrühren, kurz erhitzen, dann die Gewürze und den Powidl einrühren; vor dem Verwenden vollständig auskühlen lassen.

Für den Teig die Erdäpfel kochen, heiß schälen und passieren, auskühlen lassen; das mit Backpulver versiebte Mehl, den gesiebten Staubzucker, Vanillezucker und die geriebene Zitronenschale vermischen, die sehr kalte Butter mit einem groben Reibeisen hineinreiben und verbröseln, mit den Erdäpfeln und den Eiern vermengen und rasch zu einem glatten Teig kneten; 30 Minuten rasten lassen; jeweils aus dem halben Teig eine 1 cm dicke, längliche Teigplatte ausrollen, mit der Fülle bestreichen, einrollen; auf ein gut befettetes Blech legen, mit zerklopftem Dotter bestreichen und im vorgeheizten Rohr bei 175°C ca. 40 Minuten backen.

Rezept von Frau Lininger, Bleiburg

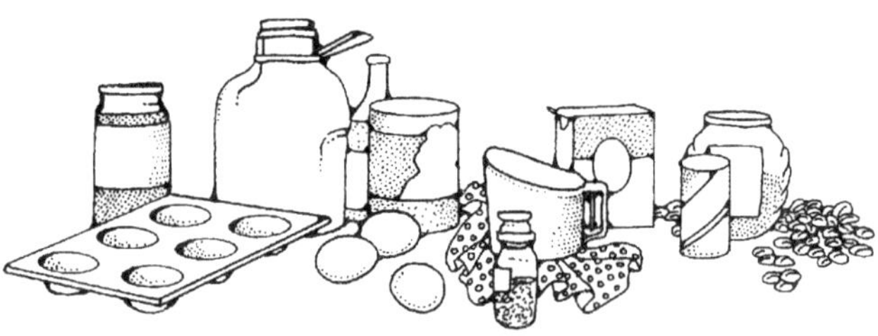

Butterkrapferln – süß oder gesalzen

Alle Zutaten rasch zu einem Teig kneten, 1/2 cm dick ausrollen, kleine Kreise ausstechen und bei 200°C hellgelb backen.
Für die Glasur den gesiebten Staubzucker mit Eiklar gut verrühren, die gebackenen Krapferln damit noch heiß bestreichen oder die Krapferln vor dem Backen mit Ei bestreichen und mit Kümmel bestreuen.

50 dag Butter
70 dag Mehl
4 EL Gärmost
4 EL Crème fraîche
2 Dotter
1 Msp. Backpulver

Glasur:
32 dag Staubzucker
2 Eiklar

oder
1 zerklopftes Ei
Kümmel zum Bestreuen

Klarzwieback

Die Eiklar zu sehr steifem Schnee schlagen, dann den Zucker und Vanillezucker unterschlagen; das Mehl und die kühle, flüssige Butter unterheben; in eine befettete, bemehlte Kastenform füllen, im vorgeheizten Rohr bei 175°C auf der unteren Schiene 25-30 Minuten backen.
Man kann den Kuchen ausgekühlt gleich mit Zucker bestreuen und servieren oder man schneidet nach dem vollständigem Erkalten dünne Schnitten, legt diese auf ein unbefettetes Blech, überzuckert sie und bäht sie kurz im heißen Rohr (bei 200°C).

6 Eiklar
15 dag Mehl
12 dag Feinkristallzucker
5 dag Butter
1 Pkg. Vanillezucker

Staubzucker zum Bestreuen

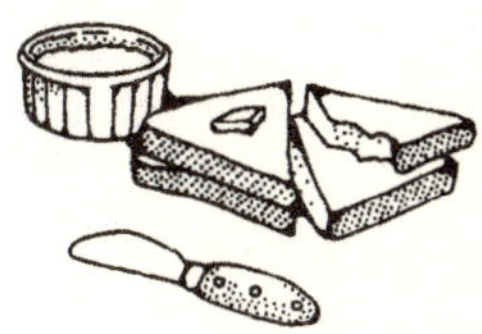

Eberndorfer Apfelkuchen

60 dag Mehl
4 dag Germ
1 KL Salz
Zitronenschale
Vanillezucker
Muskatnuß
6 Fäden Safran und
1-2 EL heißes Wasser zum Auflösen
ca. 1/4 l Milch
2 EL Schweineschmalz
6 dag Zucker
2 Eier

Fülle:

10-12 dag Kokosette
1 -1,5 kg Apfelspalten
Karobemehl (gemahlenes Johannisbrot)
Zucker

Aus den Zutaten einen mittelfesten Germteig bereiten, gehen lassen, zusammenschlagen, in zwei Laibchen teilen, nochmals gehen lassen.
Das erste Laibchen rechteckig in Blechgröße ausrollen, auf ein befettetes Blech legen, mit Kokosette dicht bestreuen, mit Apfelspalten dicht belegen, mit Karobemehl bestreuen und überzuckern.
Das zweite Laibchen ausrollen, über die Äpfel legen, leicht andrücken; den Kuchen nochmals gehen lassen, mit Ei bestreichen, mit einer Gabel mehrmals anstechen; im vorgeheizten Rohr bei 200°C 45-55 Minuten backen.

Rezept von Frau Auguste Stengel

Marmorgugelhupf

1/8 l Öl
1/8 l Wasser
4 Dotter
25 dag Feinkristallzucker
1 Pkg. Vanillezucker
25 dag Mehl
1/2 Pkg. Backpulver
1 EL Kakao
4 Eiklar

Eiklar zu ganz steifem Schnee schlagen; Öl, Wasser, Dotter, Zucker und Vanillezucker schaumig rühren, Mehl mit Backpulver versieben und mit dem Eischnee unter die Schaummasse heben; die Hälfte der Masse in eine gut befettete und bemehlte Gugelhupfform füllen; in die zweite Hälfte der Masse den Kakao einsieben und verrühren; die dunkle Masse auf die helle Masse verteilen und mit einer Gabel in Wellenlinien beide Teigschichten durchziehen (Marmorierung); bei 175°C auf der unteren Schiene 60 Minuten backen.

Viertassenkuchen

Ei und Zucker schaumig rühren; Mehl mit Backpulver versieben und mit allen übrigen Zutaten dazugeben; in einer befetteten und bemehlten Bischofsbrotform im vorgeheizten Rohr bei 175°C 50-60 Minuten backen.

1 Tasse Mehl
1 Pkg. Backpulver
1 Tasse Haferflocken
1 Tasse Zucker
1 Ei
Saft und geriebene Schale von einer Zitrone
1 Tasse Milch

Buchhofer Topfenkuchen

Butter oder Butterschmalz schaumig rühren; Zucker und Eier abwechselnd dazugeben und gut aufschlagen; Mehl und Backpulver versieben, zum Abtrieb geben und mit den übrigen Zutaten rasch zu einem Teig verkneten; den Teig mit dem bemehlten Handrücken auf ein befettetes kleines Blech oder in eine befettete, große Tortenform drücken; mit flüssiger Butter bestreichen; mit der Fülle beschichten und diese mit Ei bestreichen; im vorgeheizten Rohr bei 200°C ca. 50 Minuten auf der unteren Schiene backen.

Fülle:
Butter, Zucker und Dotter schaumig rühren; den passierten Topfen dazugeben, das Mehl leicht überstauben und unterrühren; die übrigen Zutaten beimengen; den steif geschlagenen Schnee unterheben.

8 dag Butter oder 5 dag Butterschmalz
2 Eier
8 dag Feinkristallzucker
1 Prise Salz
4 EL Milch
25 dag Mehl
1/2 Pkg. Backpulver
geriebene Zitronenschale von einer Zitrone oder
1 Pkg. Vanillezucker

Fülle:

10 dag Butter
5 Dotter
5 Eiklar
18 dag Zucker
1 kg Topfen
3 EL Mehl
1/8 l Milch oder Süßrahm
geriebene Zitronenschale von 1 Zitrone
6 dag Rosinen
1 Ei zum Bestreichen

Tag- und Nachttorte

6 Dotter
25 dag Feinkristallzucker
geriebene Schale einer ungespritzten Zitrone
6 Eiklar
20 dag Mehl

Nußeinlage:
15 dag geriebene Nüsse
15 dag Grieß
ca. 1/4 l Milch
15 dag Staubzucker, gesiebt
1/2 Pkg. Backpulver

Glasur:
siehe Hadnmehltorte Seite 133

Aus Dotter, Zucker und geriebener Zitronenschale einen Abtrieb bereiten; den sehr steif geschlagenen Eischnee und das Mehl darunterheben, in eine nur am Boden befettete, bemehlte Form füllen und 40-50 Minuten bei 175°C backen.
Nüsse mit dem Grieß und der Milch vermischen, 2 Stunden stehen lassen, Staubzucker und Backpulver einrühren, in einer Tortenform gleicher Größe 45 Minuten bei 175°C backen; die ausgekühlte Biskuittorte auseinanderschneiden, ein Tortenblatt mit Marmelade bestreichen, Nußeinlage darauflegen, mit Marmelade bestreichen, mit dem zweiten Tortenblatt abdecken, mit heißer Marmelade bestreichen und glasieren.

Wenn nur der Tortenformboden befettet und bemehlt wird, haftet der Teig am Formrand, der Tortenrand bleibt dadurch gerade, das Füllen und Glasieren wird erleichtert.

Malakowtorte

2 Pakete Biskotten
1/4 l Milch mit 1-2 EL Rum und 1 Schuß starkem Kaffee

Creme:
15 dag Butter
4 Dotter
20 dag Staubzucker
10 dag Mandeln
1/4 l Süßrahm
Schlagobers zum Verzieren

Butter mit Zucker und Dottern schaumig rühren; die geschälten, geriebenen Mandeln und zum Schluß das steif geschlagene Schlagobers unterziehen.
Milch mit Rum und Kaffee vermischen, die Biskotten darin eintauchen; die Biskotten abwechselnd mit der Creme schichtenweise in eine Tortenform füllen; die Torte beschweren und über Nacht an einem kühlen Ort stehen lassen; vor dem Servieren mit Schlagobers überziehen und verzieren.

Brandteigpyramide

1/2 l Wasser
Salz
8 dag Butter
44 dag Mehl
8-10 Eier

Creme:
1/2 l Milch
20 dag Feinkristallzucker
2 Pkg. Vanillezucker
2 EL Maizena
4 Dotter
4 Blatt Gelatine
1/2 l Süßrahm

Karamel:
40 dag Zucker
4 EL Wasser

Für den Brandteig Wasser, Salz und Butter zum Kochen bringen, das Mehl einrühren und so lange auf der Herdplatte weiterrühren, bis sich ein glatter Teigklumpen bildet; den Teig überkühlen lassen, die Eier nacheinander mit dem Handmixer gut einrühren; auf ein befettetes Blech mit zwei Kaffeelöffeln ganz kleine Brandteighäufchen legen; wenn möglich bei Heißluft im vorgeheizten Rohr ca. 30-40 Minuten zuerst bei 180°C backen; wenn die Krapferln bräunen, die Temperatur auf 150°C zurückschalten; das Backrohr während der ersten 20 Minuten Backzeit nicht öffnen!
Die ausgekühlten Krapferln mit dem Spritzsack mit Vanillecreme füllen; die Krapferln einzeln in Karamel eintauchen und auf der Tortenplatte zu einer Pyramide zusammensetzen; mit Karamelfäden einspinnen.

Vanillecreme:
Gelatine kalt einweichen; Milch, Zucker, Vanillezucker, Maizena und Dotter kalt verrühren; unter ständigem Rühren zum Kochen bringen, dann von der Kochplatte nehmen und die ausgedrückte Gelatine glatt unterrühren; die Creme im Wasserbad unter häufigem Umrühren erkalten lassen und dann das geschlagene Schlagobers unterziehen.

Karamel:
Jeweils 10 dag Zucker mit 1 EL Wasser goldgelb bräunen.
Es ist besser, den Zucker in kleinen Mengen zu karamelisieren, denn er erhärtet sehr rasch.

Für den Brandteig empfiehlt es sich, die Zutatenmengen zu halbieren und den Teig in zwei Schritten zuzubereiten.

Kleingebäck

Vanillescheiben

Mürbteig:

30 *dag Mehl*

1/2 *Pkg. Backpulver*

10 *dag Staubzucker*

15 *dag Butter*

1 *Ei*

1 *Pkg. Vanillezucker*

Fülle:

5 *dag Marillenmarmelade*

7 *dag Staubzucker*

1 *Eiklar*

Mehl, Backpulver und Staubzucker in einer Schüssel vermischen, die sehr kalte Butter hineinschneiden und verbröseln; mit den Knethaken des Handmixers und mit der Hand sehr rasch zu einem Mürbteig kneten, diesen 1-2 Stunden kühl rasten lassen; dünn ausrollen, kleine Scheiben ausstechen (3 cm Durchmesser), auf ein Blech legen und im vorgeheizten Rohr bei 200°C ca. 15 Minuten hellgelb backen; für die Fülle alle Zutaten so lange miteinander verrühren, bis die Masse beinahe weiß und steif ist; je zwei ausgekühlte Scheiben mit der Fülle zusammensetzen.

Die fertig gebackenen Scheiben zum Auskühlen immer auf eine gerade Unterlage legen, damit sie sich nicht verbiegen.

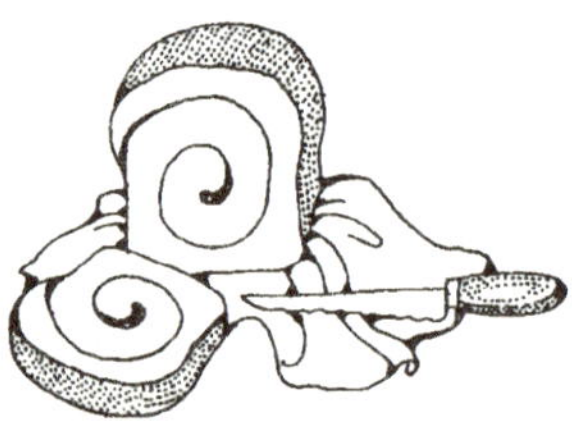

Husarenkrapferln

Mehl, Staubzucker und Vanillezucker in einer Schüssel mischen, die sehr kalte Butter hineinschneiden, und verbröseln; mit den Knethaken des Handmixers und mit den Händen sehr rasch einen Mürbteig zusammenkneten, den Teig 1-2 Stunden im Kühlschrank rasten lassen; aus dem Teig kleine Kugeln (ca. 1,5 cm Durchmesser) formen, in die Mitte eine kleine Mulde drücken, die Krapferln mit Eiklar bestreichen, mit Nüssen bestreuen und die Mulde mit einem Tupfer Marmelade füllen; im vorgeheizten Rohr bei 200°C ca. 20 Minuten goldgelb backen.

Mürbteig:

28 dag Mehl
7 dag Staubzucker
1 Pkg. Vanillezucker
15 dag Butter
2 Dotter
10 dag Nüsse, grob gerieben
ca. 10 dag Marmelade

Pariser Stangerln

Haselnüsse, Staubzucker und Eier zu einem Teig verkneten; für die Glasur Zucker und Eiklar so lange rühren, bis die Masse weiß und streichfähig ist; vom Teig immer nur kleine Teigstücke zu Streifen auswalken und mit Glasur bestreichen, kleine Stangerln (ca. 5 x 1 cm) schneiden, auf Backpapier auf ein Backblech legen; im vorgeheizten Rohr bei ca. 200°C ca. 35 Minuten backen.

28 dag geriebene Haselnüsse
28 dag Staubzucker
2 Eier

Glasur:

15 dag gesiebter Staubzucker
1 Eiklar

Backpapier

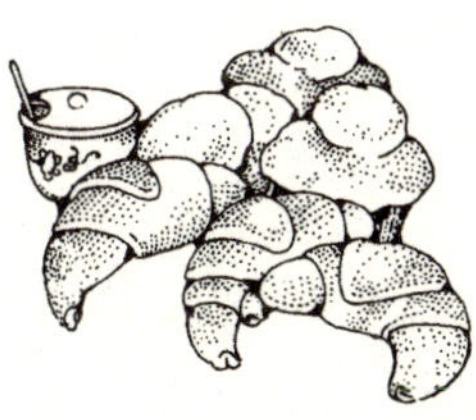

Honigwürfel

Teigplatten:
15 dag Staubzucker
2 Eier
2 EL Honig
1 EL Milch
5 dag Butter
48 dag glattes Mehl
2 KL Speisesoda

Fülle:
5/8 l Milch
3 gehäufte EL Mehl
30 dag Butter
26 dag Staubzucker
2 Pkg. Vanillezucker

Zucker, Eier, Honig, Milch und Butter über Dunst schaumig schlagen, das mit dem Speisesoda versiebte Mehl unterkneten; den Teig in 4 gleich große Teile teilen und zu 4 gleich großen Rechtecken auswalken (ca. 3 mm dick) jede Teigplatte gesondert im vorgeheizten Rohr bei 200°C ca. 20 Minuten backen; auskühlen lassen; für die Fülle 1/2 l Milch zum Kochen bringen, 1/8 l Milch mit dem Mehl glatt verrühren, in die kochende Milch einrühren, aufkochen lassen und im Wasserbad kaltrühren; Butter, Zucker und Vanillezucker schaumig rühren und die ausgekühlte Milchmasse löffelweise unterrühren; die erste Teigplatte auf ein Backblech legen und 1/3 der Creme daraufstreichen; die zweite und dritte Teigplatte, jeweils mit Creme bestrichen, auf die erste legen, nun die vierte Teigplatte darauflegen; leicht beschweren und 3 Tage kühl stellen; danach in 1 cm große Würfel schneiden.

Am besten rollt man die vier Teigstücke auf Backpapier aus und legt sie damit auf das Blech.

Unwiderstehliche

10 dag Schokolade
14 dag geriebene Haselnüsse
14 dag Butter
28 dag Staubzucker

Die Schokolade im Wasserbad erweichen, mit den Haselnüssen, der Butter und dem Staubzucker verkneten, die Masse 1 Stunde kühl stehen lassen, dann kleine Kugeln (2 cm Durchmesser) formen; 1-2 Stunden im vorgeheizten Rohr bei 100°C trocknen lassen.

Früchtestangerln

Eiklar mit dem Zucker über Dunst steif schlagen; alle weiteren Zutaten darunterrühren; die Masse auf Oblaten streichen, mit der Schere in 5 cm lange und 1,5 cm breite Stangerl schneiden; auf ein Backblech legen, im vorgeheizten Rohr bei 160°C ca. 40 Minuten backen.

- *5 Eiklar*
- *35 dag Zucker*
- *10 dag geriebene Nüsse*
- *10 dag grob gehackte Nüsse*
- *10 dag fein gehackte Aranzini*
- *10 dag fein gehacktes Zitronat*
- *10 dag fein gehackte Datteln*
- *10 dag Rosinen*
- *1 EL Weinessig*

Lebkuchenkeks

Das Mehl mit dem Natron versieben; Dotter, Eier, Honig, Rohzucker und die Gewürze verrühren und mit dem Mehl zu einem Teig kneten; diesen Teig über Nacht an einem kühlen Ort rasten lassen; den Teig ca. 3 mm dick ausrollen, Kekse ausstechen und auf ein befettetes Blech legen; die Kekse mit Eiklar bestreichen, mit je einer halben Mandel belegen und bei 200°C im vorgeheizten Rohr ca. 15-20 Minuten backen.

Zu dunkel gebackene Kekse werden bitter!
Wenn man nur die halbe Masse backen will, kann man statt Dinkel- und Weizenmehl einfach 35 dag Dinkelmehl nehmen.
Lebkuchen werden weich, wenn man sie 1-2 Tage vor dem Verbrauch mit Apfelspalten oder frischer Apfelschale in eine gut verschlossene Dose legt!

- *50 dag Dinkelmehl*
- *20 dag Weizenmehl*
- *2 KL Natron*
- *3 Eier*
- *1 Dotter*
- *12 dag flüssiger Honig*
- *50 dag Rohzucker*
- *1 Pkg. Lebkuchengewürz*
- *Schale von 1/2 Zitrone*

- *1 Eiklar zum Bestreichen*
- *geschälte, halbierte Mandeln zum Belegen*

Lebkuchensterne

20 dag Weizenmehl	
40 dag Roggenmehl	
30 dag Staubzucker	
2 KL Natron	
1 KL Zimt	
8 dag Butter	
11 dag Honig	
1 Ei	
knapp 1/8 l Milch	
1 Pkg. (3 dag) Lebkuchengewürz	
Dotter oder zerklopftes Ei zum Bestreichen	

Zum Verzieren:
- ca. 15 dag geschälte Mandeln
- ca. 6 dag kandierte Kirschen
- ca. 10 dag Angelika

Spritzglasur:
- 1 Eiklar
- 15 dag gesiebter Staubzucker

Mehl, Staubzucker, Natron und Zimt miteinander versieben; Lebkuchengewürz dazugeben; Butter und Honig in einer Schüssel im Wasserbad "zerschleichen lassen" (leicht und langsam erwärmen, bis die Masse flüssig ist); mit Ei und Milch verrühren und mit dem Mehlgemisch zu einem Teig kneten; den Teig über Nacht rasten lassen; am nächsten Tag 1/2 cm dick ausrollen; Sterne ausstechen, diese mit Ei bestreichen, verzieren und bei 200°C im vorgeheizten Rohr ca. 20-25 Minuten goldbraun backen.
Ausgekühlt können die Sterne noch mit Spritzglasur verziert werden. Für diese Glasur rührt man Eiklar und Staubzucker steif und füllt die Masse zum Spritzen in kleine Tütchen aus Butterpapier.

Germgebäck

Feinster Striezel - feinste Buchteln

14 dag Butter
4 dag Zucker
4 Dotter
50 dag Mehl
1 KL Salz
1 dl Süßrahm

Dampfl:
3 dag Germ
1/16 *l* Milch
1 KL Zucker

Dampfl herstellen; Mehl und Salz vermischen, die Butter sehr schaumig rühren, dann den Zucker einrühren und die Dotter nacheinander beimengen, bis ein flaumiger Abtrieb entsteht; Süßrahm, Mehl und das aufgegangene Dampfl gleichzeitig dazumengen, zu einem glatten Germteig verkneten; 30 Minuten an einem warmen Ort rasten lassen, dann zu einem Zopf oder zu Buchteln weiterverarbeiten:

Germteigzopf:
Den Teig in 3, 4 oder 6 Teile teilen, daraus zuerst Kugeln und dann lange Würste formen, einen Zopf flechten, diesen nochmals gehen lassen, mit zerklopftem Ei bestreichen und im vorgeheizten Rohr bei 175°C ca. 40-45 Minuten backen.

Buchteln:
Den Teig in 5 dag schwere Stücke teilen, diese zu Kugeln drehen (=schleifen); jede Kugel in flüssige Butter tauchen, in eine befettete Auflaufform schlichten, gut aufgehen lassen, im vorgeheizten Rohr bei 175°C ca. 35-40 Minuten backen.

*Zu den Buchteln serviert man am besten Vanillesoße oder Hollersoße.**(Rezepte auf Seite 102)*

Frühstücksstriezel

1 *kg* Mehl	Einen mittelfesten Germteig machen (dazu Schweinefett zerschleichen lassen), eine halbe Stunde rasten lassen; Striezel formen, gut gehen lassen; bei 175°C ca. 60-75 Minuten backen.
2 KL Salz	
Anis	
20 *dag* Schweinefett	
3/8 *l* Wasser	
Dampfl:	
7 *dag* Germ	
1 KL Zucker	
1/8 *l* Milch oder Wasser	

Germteigzopf

1 *kg* Mehl	Aus allen Zutaten einen Germteig bereiten; 1/2 Stunde rasten lassen; einen Zweier- oder Dreierzopf flechten; nochmals gehen lassen; mit zerklopftem Ei bestreichen; ca. 75-90 Minuten bei 175°C backen.
2 KL Salz	
Zitronenschale	
20 *dag* Butter	
3/8 *l* Milch	
15 *dag* Zucker	
3 Dotter	
Dampfl:	
8 *dag* Germ	
1 KL Zucker	
1/8 *l* Milch	

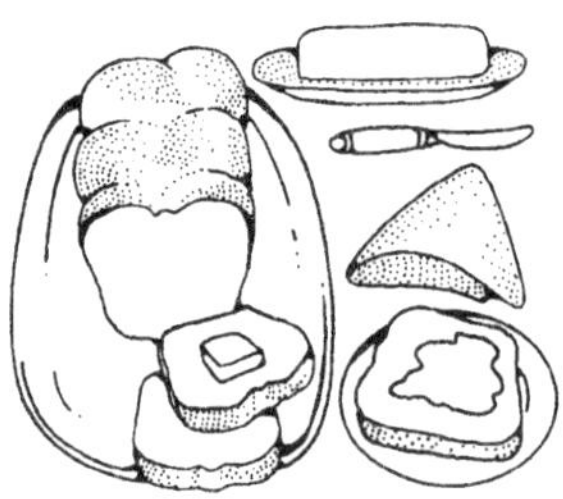

Brioche

Alle Zutaten zu einem weichen Germteig verarbeiten und gut abkneten; kurz gehen lassen; den Teig in eigroße Stücke teilen, zu Kugeln formen, diese mit der hohlen Hand rollen (= schleifen) und halbhoch aufgehen lassen; danach rechteckige dünne Fleckerln ausrollen, zu straffen Stangerln wickeln; kurz aufgehen lassen; mit Ei bestreichen; 40 Minuten bei 175°C backen.

60 dag Mehl
1 KL Salz
1 Ei
geriebene Schale einer ungespritzten Zitrone
8 dag zerlassene Butter
8 dag Zucker
1/4 l kalte Milch
1 Ei zum Bestreichen

Dampfl:

4 dag Germ
1 KL Zucker
1/8 l lauwarme Milch

Annabichler Reindling

Einen mittelfesten Germteig bereiten; eine halbe Stunde gehen lassen; den Teig fingerdick zu einem Rechteck ausrollen; mit Zimt und Zucker bestreuen; in eine gut befettete Reindlingform geben; gehen lassen; 90 Minuten bei ca. 160-170°C backen.

Aus dem Kochbuch der ältesten landwirtschaftlichen Hauswirtschaftsschule Österreichs

1 kg Mehl
2 KL Salz
4 Dotter
8 dag Butter
1/2 l Milch

Dampfl:

4 dag Germ
1 KL Zucker
1/8 L Milch

Fülle:

Zimt und Zucker nach Belieben

Kärntner Reindling

75 *dag* Mehl	Mehl mit den Gewürzen in eine Schüssel geben; Germ, Zucker und lauwarme Milch zu einem Dampfl verrühren; Butter zerschleichen lassen, mit Milch aufgießen; Zucker und Dotter beimengen; diese lauwarme Masse mit dem aufgegangenen Dampfl und dem Mehlgemisch zu einem mittelfesten Germteig kneten; den Teig eine halbe Stunde gehen lassen; ein 4 mm dünnes Rechteck ausrollen, die Fülle aufstreuen, einrollen; in eine gut befettete Form legen; nochmals gehen lassen; mit lauwarmer Milch bestreichen; ca. 90 Minuten bei 160-170°C backen.

75 *dag* Mehl
1 1/2 KL Salz
Zitronenschale
3 Dotter
15 *dag* Butter
10 *dag* Zucker
1/4 *l* Milch

Dampfl:
6 *dag* Germ
1 KL Zucker
1/8 *l* Milch

1. Fülle:
40 *dag* geriebene Nüsse
15 *dag* Zucker
1 KL Zimt
1 Msp. Nelkenpulver
Zitronensaft
Rum
10 *dag* Rosinen
3 EL Milch

2. Fülle:
30 *dag* Zucker
1 KL Zimt
1 Msp. Nelkenpulver
10 *dag* Rosinen
Zitronensaft
Rum

Mehl mit den Gewürzen in eine Schüssel geben; Germ, Zucker und lauwarme Milch zu einem Dampfl verrühren; Butter zerschleichen lassen, mit Milch aufgießen; Zucker und Dotter beimengen; diese lauwarme Masse mit dem aufgegangenen Dampfl und dem Mehlgemisch zu einem mittelfesten Germteig kneten; den Teig eine halbe Stunde gehen lassen; ein 4 mm dünnes Rechteck ausrollen, die Fülle aufstreuen, einrollen; in eine gut befettete Form legen; nochmals gehen lassen; mit lauwarmer Milch bestreichen; ca. 90 Minuten bei 160-170°C backen.
Für die erste Fülle Nüsse, Zucker, Zimt und Nelkenpulver mischen, mit Rum und Milch streichfähig machen, auf den ausgerollten Germteig streichen; Rosinen darüberstreuen und mit Zitronensaft beträufeln.
Die zweite Fülle nach dem Aufstreuen mit Zitronensaft und Rum beträufeln.

Germschnecken

Aus Butter, Zucker und Dotter einen Abtrieb bereiten; die übrigen Zutaten und das Dampfl mit dem Abtrieb vermengen und gut verkneten; den Teig 30 Minuten gehen lassen; dann den Teig zu einem 4 mm dünnen Rechteck auswalken.
Die Zutaten der Fülle zu einer eher trockenen Masse verrühren, gleichmäßig auf die Teigplatte aufstreichen, diese eng einrollen; von der Teigrolle ca. 1,5-2 cm dicke Scheiben schneiden; diese auf ein gut befettetes Blech setzen; gehen lassen; bei 180°C goldbraun backen.
Staubzucker mit etwas Rum vermischen; Germteigschnecken noch heiß mit dieser Rumglasur bepinseln.

6 dag Butter
5 dag Zucker
1 Dotter
30 dag Mehl
geriebene Schale einer ungespritzten Zitrone
1/2 KL Salz

Dampfl:
2 dag Germ
1/8 l Wasser oder Milch
1 KL Zucker

Fülle:
15 dag geriebene Nüsse
10 dag Zucker
etwas Milch
Zimt, Nelkenpulver

Rumglasur:
3 EL Staubzucker
5 EL Rum

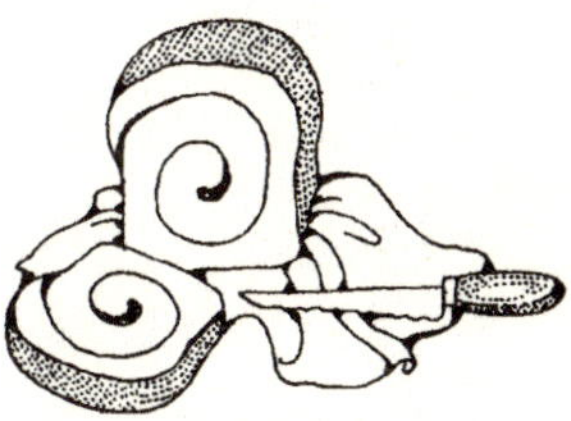

Kranzkuchen

6 dag Butter
5 dag Zucker
1 Dotter
30 *dag* Mehl
geriebene Schale einer ungespritzten Zitrone
1/2 KL Salz

Dampfl:
2 dag Mehl
1 KL Zucker
1/8 *l* Milch

Fülle:
8 dag Rosinen
8 dag gehackte Nüsse
5 dag Aranzini
10 *dag* Feinkristallzucker
etwas Zimt
Butter *zum* Bestreichen

Glasur:
3 EL Staubzucker
Rum

Aus Butter, Zucker und Dotter einen Abtrieb bereiten; alle übrigen Zutaten und das aufgegangene Dampfl mit dem Abtrieb vermengen und gut abkneten; 30 Minuten gehen lassen; Teig zu einem 4 mm dünnen Rechteck auswalken; mit flüssiger Butter bestreichen, mit Fülle bestreuen und eng einrollen; die Teigrolle mit einem scharfen Messer der Länge nach genau in der Mitte durchschneiden; die beiden Teile werden mit der Schnittfläche nach außen aneinander gelegt und wie eine Kordel gedreht; auf einem gut befetteten Blech zu einem Kranz legen; aufgehen lassen; ca. 50-60 Minuten bei 175°C backen.
Nach dem Backen noch heiß mit Rumglasur bestreichen.

Nußpotize

Aus Butter, Zucker, Dotter einen Abtrieb bereiten, mit dem aufgegangenen Dampfl, Mehl, Salz und Milch einen Germteig kneten, 30 Minuten an einem warmen Ort rasten lassen; ein 1/2 cm dickes Rechteck ausrollen, mit der Nußfülle bestreichen, eng einrollen, in eine gut befettete Backform legen, aufgehen lassen, mit zerklopftem Ei bestreichen; bei 175°C ca. 45-55 Minuten im vorgeheizten Rohr backen (man kann die halb aufgegangene Potize auch in das kalte Rohr stellen und 10 Minuten länger backen).

Für die Fülle Milch, Honig, Zucker und Vanillezucker aufkochen; die mit Zimt und Zitronenschale vermischten Nüsse darunterrühren, die Masse mit Rum würzen; die Fülle auf die Teigplatte streichen, mit Rosinen bestreuen.

14 *dag Butter*
4 *dag Zucker*
4 *Dotter*
50 *dag Mehl*
1 *KL Salz*
1 *dl Milch*

Dampfl:
3 *dag Germ*
1/8 *l Milch*
1 *KL Zucker*

Fülle:
1/16 *l Milch*
10 *dag Staubzucker*
2 *EL Honig*
1 *Pkg. Vanillezucker*
3 *dag Rosinen*
20 *dag Walnüsse gerieben*
1 *EL Rum*
1/2 *KL Zimt*
Schale einer halben Zitrone

Obstfleck aus Germteig

50 *dag* Mehl
1 KL Salz
geriebene Schale einer ungespritzten Zitrone
2 Dotter
1/8 *l* Milch
6 *dag* Butter
6 *dag* Zucker

Dampfl:
4 *dag* Germ
1/8 *l* Milch
1 KL Zucker

Früchte für den Belag:
1,5 kg leicht säuerliche Äpfel, geschält und in Spalten geschnitten, 1,5 kg Zwetschken oder Marillen, halbiert und entkernt

Streusel:
20 *dag* Mehl
10 *dag geriebene* Nüsse
15 *dag* Zucker
1 Msp. Zimt
15 *dag flüssige, lauwarme* Butter

Aus allen Teigzutaten einen etwas weicheren Germteig bereiten; 30 Minuten gehen lassen; Teig 4 mm dick ausrollen, auf das befettete Backblech geben; mit Früchten belegen (Apfelspalten dicht aneinanderschichten, Steinobst mit der Schnittfläche nach oben auflegen). Streusel gleichmäßig auf dem Obst verteilen; Obstfleck noch einmal gehen lassen; bei 200°C auf der mittleren Schiene 45 Minuten backen.

Streusel:
Mehl mit Zucker und Zimt vermischen, die flüssige Butter am besten mit den Knethaken des Handmixers unter das Gemisch rühren, sodaß sterzartige Krümel entstehen.

Apfelstrudel aus Germteig

Einen mittelfesten Germteig bereiten, 30 Minuten gehen lassen; anschließend zu einem Rechteck ausrollen; für die Fülle alle Zutaten mischen; den Teig damit bestreuen, einrollen, auf ein gut befettetes Blech legen; noch etwas gehen lassen; mit zerklopftem Ei bestreichen und 75 Minuten bei 175°C backen.

Dieser Strudel wurde in bäuerlichen Haushalten zur Gemüsesuppe als Mittagessen serviert.

50 *dag* Mehl
1 KL Salz
ca. 1/8 *l* Milch
10 *dag* Kristallzucker
10 *dag* Butter, 2 Eier

Dampfl:
4 *dag* Germ
1 KL Zucker
1/8 *l* Milch

Fülle:
1,10 *kg* Äpfel, blättrig geschnitten
10-15 *dag* Zucker
1 KL Zimt
1 Msp. Nelkenpulver
Schale einer ungespritzten Zitrone

Gegossene Dalken

Einen dickflüssigen Germteig bereiten, aufgehen lassen; die Dalkenpfanne erhitzen. In jede Form ein paar Tropfen Schweinefett (oder Öl) geben und 1 EL Teig einfüllen, bei rascher Hitze beidseitig herausbacken.
Man kann je zwei Dalken mit Marmelade zusammensetzen und mit Zucker bestreuen.

Aus dem Kochbuch der Meiereischule Annabichl 1922/23

25 *dag* Mehl
3 Dotter
Schnee von 3 Eiklar
1/2 KL Salz
ca. 3/8 *l* Milch

Dampfl:
2 *dag* Germ
1 KL Kristallzucker
1/8 *l* Milch
Fett zum Backen

ev. Marmelade zum Füllen

Kärntner Faschingskrapfen

1 *kg* Mehl
2 KL Salz
geriebene Schale einer ungespritzten Zitrone
10 *dag* Kristallzucker
10 *dag* Butter
3 Eier
3/8 *l* Milch
Rum

Dampfl:
5 *dag* Germ
1 KL Zucker
1/8 *l* Milch

Marmelade zum Füllen
Schweinefett oder Öl zum Backen

Alle Teigzutaten zu einem nicht zu festen Germteig verarbeiten, gut kneten; 30 Minuten gehen lassen, den Teig gleichmäßig 1/2 cm dick ausrollen, mit Krapfenausstecher Scheiben ausstechen, auf eine Teigscheibe 1 gehäuften KL Marillenmarmelade geben, eine zweite Teigscheibe so darauflegen, daß die unbemehlte Seite auf die Marmelade kommt, die Ränder fest andrücken und mit einem etwas kleineren Krapfenausstecher nochmals ausstechen; Krapfen auf ein bemehltes Tuch legen, auf doppelte Höhe gehen lassen (sie dürfen nicht aneinanderstoßen); in nicht zu heißem Fett schwimmend ausbacken (die obere Seite wird nach unten eingelegt, Krapfen dürfen auch während des Backens nicht aneinanderstoßen = weißer Rand). Beim Backen der ersten Seite die Pfanne zudecken; nach dem Umdrehen in der offenen Pfanne fertigbacken; auf einem Tortengitter abtropfen lassen.

Durch die Zugabe von Alkohol (Rum) saugt der Germteig während des Backens nicht soviel Fett auf.

Salzige Krapfen

80 *dag* Mehl
1 1/2 KL Salz
7 *dag* zerlassene Butter
1 Dotter
1 EL Rum
2/8 *l* Milch

Dampfl:
5 *dag* Germ
1 KL Kristallzucker
1/8 *l* Milch

Zubereitung wie Kärntner Faschingskrapfen.

Diese Krapfen werden ungefüllt zu salzigen Beilagen wie Sauerkraut oder Sauren Rüben serviert.

Annabichler Krapfen

Die Krapfen werden wie die Kärntner Faschingskrapfen zubereitet.

- 1 kg Mehl
- 2 KL Salz
- geriebene Schale einer ungespritzten Zitrone
- 6 Dotter
- 5 dag Kristallzucker
- 5/8 l Milch
- 2 EL Rum

Dampfl:

- 6 dag Germ
- 1 KL Zucker
- 1/8 l Milch

- Marillenmarmelade zum Füllen
- Fett zum Backen

Gekochte Brezen

Aus Mehl, Germ und Milch einen festen Teig rühren, das zerlassene Fett beimengen, gut kneten. 30 Minuten an einem warmen Ort rasten lassen, eine Rolle formen, davon ca. 5 dag schwere Stücke herunterschneiden, dann daraus Würstchen rollen und zu Brezen formen, aufgehen lassen; in Salzwasser kochen lassen, bis die Brezen aufsteigen; mit einem Kochlöffel vorsichtig herausnehmen und auf grobes Salz legen; auf einem befetteten Blech im vorgeheizten Rohr backen.

Schmeckt sehr gut zu einer zünftigen Jause!

- 25 dag Mehl
- 2 dag Schweinefett
- 1,5 dag Germ
- knapp 1/8 l Milch
- Grobes Salz zum Bestreuen

Brot

Dampfl für Sauerteig

4 dag Germ
1/4 l Sauermilch
1 Becher Joghurt
12 dag Brotmehl

Die Milch handwarm erwärmen, die Germ einbröseln und das Mehl einrühren; mit einem Tuch zugedeckt an einem warmen Ort 24 Stunden stehen lassen, dabei öfters umrühren.
Diese Menge reicht für 2-3 kg Mehl. Das Dampfl wird nach Grundrezept für Sauerteigbrot weiterverarbeitet.
Für das nächste Brotbacken gibt man vom Sauerteig einen Teil weg und bewahrt ihn auf: Aus der Mitte des fertigen Brotteiges nimmt man vor dem Schleifen jene Teigmenge heraus, die als Sauerteig für das nächste Mal gebraucht wird; schleifen und aufgehen lassen; Sauerteig in einer gut verschließbaren Dose im Kühlschrank aufbewahren oder in Brotmehl eingraben (in diesem Fall muß man den Sauerteig am Tag vor dem nächsten Brotbacken einweichen, da er meist etwas austrocknet).
Wenn der Sauerteig nach mehrmaligen Gebrauch zu sauer wird, muß man ein neues Dampfl ansetzen.

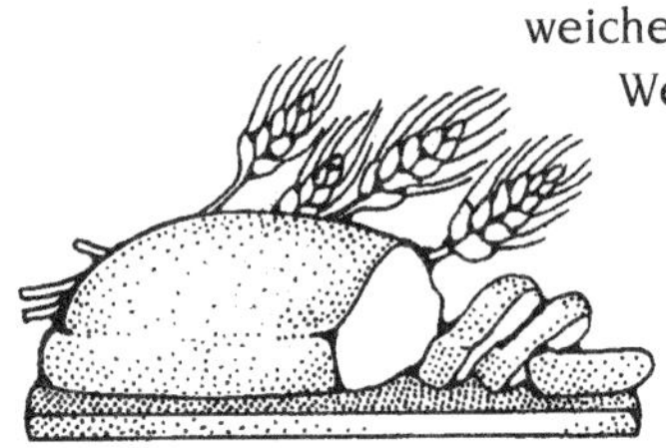

Sauerteigbrot – Grundrezept

Beim Kneten des Brotes immer erst die trockenen Zutaten (Salz, Gewürze) mit dem Mehl vermischen, dann das Sauerteigdampfl und zuletzt das lauwarme Wasser beimengen und sehr gut durchkneten (solange, bis der Teig glatt ist). Nach 2-7 Stunden hat der Teig sein doppeltes Volumen erreicht; er wird nun in Laibe oder Wecken geteilt und diese werden nochmals so durchgeknetet, daß der Teig eine Kegelform bildet (= „gelatzt").
Die Brotkörbchen mit einem bemehlten Tuch auslegen, die Laibe hineingeben und nochmals aufgehen lassen. Vor dem Einschießen wird das Brot befeuchtet.
Das Backrohr wird auf 230-250°C vorgeheizt und nach der halben Backzeit auf 200°C zurückgeschaltet; die Backdauer beträgt ca. 1 1/2 Stunden (Klopfprobe: Wenn es beim Klopfen auf die Unterseite hohl klingt, ist das Brot fertig).

Die Sauerteigmenge ist für eine große Mehlmenge und lange Rastzeit berechnet. Bei kleinerer Mehlmenge und kürzerer Rastzeit nimmt man 15-20 dag Sauerteig für 1 kg Mehl.

Auf 1 kg Brotmehl rechnet man:

10 dag Sauerteig
1,5 dag Salz
1 dag Gewürz

Helles Roggenbrot

Zubereitung nach dem Grundrezept für Sauerteigbrot.

14 kg Roggenbrotmehl
1,40 kg Sauerteig
14 dag Fenchel, Koriander oder Kümmel, alles gemahlen
21 dag Salz

Dunkles Mischbrot

6 *kg* *dunkles Roggenmehl*	Zubereitung nach dem Grundrezept für Sauerteigbrot.
6 *kg helles* Roggenmehl	
2 *kg* Weizenbrotmehl	
1,4 *kg* Sauerteig	
14 *dag* Koriander	
21 *dag* Salz	

Brot mit Walnuß-, Kürbis- oder Sonnenblumenkernen

2 *kg* Brotmehl	Brotteig zubereiten; Laibe formen, aufgehen lassen und weder vor noch nach dem Backen befeuchten.
40 *dag* Sauerteig	
3 *dag* Salz	
25 *dag* Kerne	

Kornspitz

50 *dag* Roggenmehl	Zutaten laut Grundrezept zu einem weicheren Teig verkneten, gut aufgehen lassen; aus dem Teig eine Rolle formen (ca. 5 cm Durchmesser), 2 cm dicke Stücke abschneiden und diese zu Stangerln rollen, auf das befettete Blech legen, gut aufgehen lassen, gut naß machen und im vorgeheizten Rohr bei 200°C ca. 45 Minuten backen. Ein Gefäß mit heißem Wasser ins Rohr stellen.
10 *dag* Roggenschrot	
10 *dag* Sauerteig	
1 *dag* Germ	
ca. 0,5 *l* Wasser	
1 *gestrichener* KL Salz	
1 EL Fenchel	

Leinsamenweckerln

Den Leinsamen am Vorabend einweichen. Zutaten zu einem weicheren Teig verkneten, gut aufgehen lassen; aus dem Teig eine Rolle formen (ca. 5 cm Durchmesser), 2 cm dicke Stücke abschneiden und diese zu Weckerln formen, auf das Blech legen, gut aufgehen lassen, naß machen, mit Leinsamen bestreuen und im vorgeheizten Rohr bei 200°C 45 Minuten backen.

40 dag Weizenvollmehl
10 dag Roggenvollmehl
4 dag Germ
1/4 l Milch
1 KL Salz
1 KL Kümmel
1 EL Öl
1/8 l Leinsamen

Schusterlaiberln

Das Mehl salzen, würzen, die Germ einbröseln und mit lauwarmem Wasser zu einem mittelfesten Teig kneten; rasten lassen; danach den Teig in 20 gleichmäßige Stücke teilen, diese zu länglichen Weckerln formen, an der Oberfläche einmal einschneiden, mit Wasser bestreichen, mit Kümmel bestreuen, auf ein Blech legen und nach dem Aufgehen im vorgeheizten Rohr bei 220°C ca. 40 Minuten backen.

40 dag Weizenvollmehl
20 dag Roggenmehl
3 dag Germ
1 KL Salz
1 EL Kümmel
3/8-1/2 l Wasser

Apfelbrot

Äpfel, Zucker, Walnüsse, Trockenfrüchte sowie Rum und Zimt vermischen und über Nacht ziehen lassen; am nächsten Tag mit Weizenmehl und Backpulver versieben und unter die Masse kneten; in einer befetteten Kastenform im vorgeheizten Rohr bei 180°C ca. 2 Stunden backen.

1,5 kg geraspelte Äpfel
50 dag Rohzucker
30 dag grob gehackte Walnüsse
je 3 dag Rosinen, Feigen, Aranzini, Zitronat
Rum, Zimt
1 kg Weizenmehl
2,5 Pkg. Backpulver

Hunnenbrunner Kletzenbrot

4 kg Brotteig
2 *kg gekochte, faschierte* Kletzen (*Dörrbirnen*)
1 *kg faschierte* Feigen
1 *kg faschierte* Dörrpflaumen
40 *dag gehackte* Nüsse
3 *dag* Zimt, *gemahlen*
1 *dag* Nelken, *gemahlen*
1 *dag* Piment, *gemahlen*
60 *dag* Feinkristallzucker
1/4 *l* Rum

Die Kletzen über Nacht einweichen, im Einweichwasser weichkochen, abseihen, von Kelch und Stiel befreien und grob faschieren; Feigen und Dörrpflaumen ebenfalls faschieren; den Zucker mit den Gewürzen vermischen; Früchte, Zuckermischung, gehackte Nüsse und Rum verkneten; die Masse einen Tag stehen lassen; am nächsten Tag die Früchtemasse mit dem aufgegangenen Brotteig verkneten, kleine Striezel formen, auf Oblaten auf das Backblech legen, nochmals gut aufgehen lassen und im Elektroherd bei 200°C ca. 90 Minuten oder im Backofen nach Erfahrungswerten backen.
Zur Verzierung kann man geschälte, halbierte Mandeln vor dem Backen als Muster in den Kletzenbrotstriezel drücken.

Hadnbrötchen

3 *mittelgroße, geriebene* Erdäpfel
1/2 *l lauwarmes* Wasser
1 EL *gemahlener* Anis
2 EL *gemahlener* Kümmel
1 *gestrichener* KL Salz
5 *dag* Germ
42 *dag* Hadnmehl (*Buchweizenmehl*)

Wasser, Erdäpfel, Gewürze und Germ verquirlen, eventuell mit dem Mixer pürieren, mit dem Knethaken ins Hadnmehl einrühren. Die sehr weiche Masse am besten in befetteten Indianerkrapfenformen im vorgeheizten Rohr bei ca. 200°C ca. 40 Minuten backen.

Buttermilch-Vollkornweckerln

Germteig zubereiten (als Flüssigkeit wird hier Buttermilch verwendet), aufgehen lassen; Teig zu einer Rolle formen und gleichmäßig große Stücke abschneiden; diese zu Weckerln formen, auf ein befettetes Blech setzen, aufgehen lassen und im vorgeheizten Rohr auf der Mittelschiene bei 210°C ca. 30-40 Minuten backen; ein Gefäß mit heißem Wasser in das Rohr stellen.

50 *dag* Weizenvollmehl
1 1/2 KL Salz
2 EL Öl
5 EL *gemahlener* Leinsamen
je 1 KL *gemahlener* Kümmel, Fenchel und Anis
1/4 *l* Buttermilch

Dampfl:
3 *dag* Germ
1/2 KL Zucker
1/16 *l* Milch

Ei zum Bestreichen
Sesam, Mohn oder Kümmel zum Bestreuen

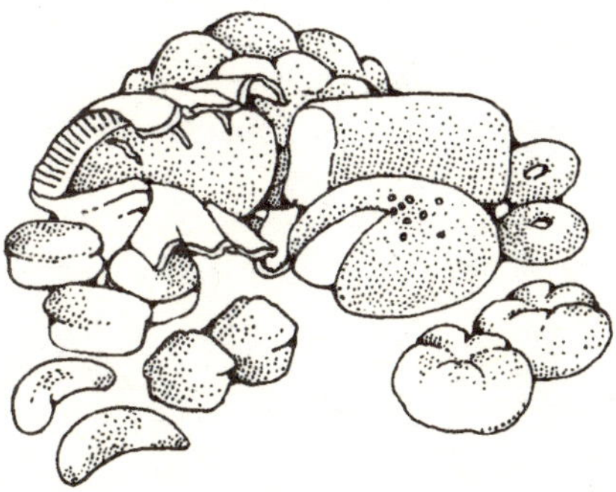

Jause, Getränke

Rosentaler Bratl

1 Schweinsstelze *1 Schweinsherz* *Suppengrün* *Lorbeerblatt* *Majoran* *Salz* *2 Knoblauchzehen* *8 Semmel* *2 große Zwiebel* *10 dag Fett* *4 Eier* *Pfeffer* *Piment* *1 Pimmerling (Rindsdarm)*	Stelze und Schweinsherz mit den Gewürzen weichkochen; die Suppe abseihen; das Fleisch faschieren. Semmel würfelig schneiden; fein gehackte Zwiebel in heißem Fett anrösten; Semmel und Zwiebel mit den Gewürzen zum Faschierten geben, abschmecken; soviel Suppe dazugeben, daß die Masse patzig ist; in den Pimmerling soviel einfüllen, daß an jedem Ende eine Handbreit ungefüllt bleibt (die Masse wächst sehr an); bei mäßiger Hitze (175°C) im Rohr langsam braten. Ausgekühlt in Scheiben schneiden und zur „Osterjause“ oder zu einem kalten Imbiß servieren.

Haussulz

Das sauber geputzte Fleisch, die Haxen und die Schwarten gut mit kaltem Wasser bedeckt zustellen und langsam 1 Stunde kochen lassen; das Wurzelwerk und die Gewürze dazugeben und nochmals 2 Stunden kochen; die Suppe abseihen, das Fleisch auslösen, zu viel Fett von der Schwarteninnenseite entfernen, alles feinnudelig schneiden, die Möhren blättern; die Suppe entfetten, mit dem geschnittenen Fleisch und den Karotten vermischen; in eine passende Wanne gießen und wenn nötig im Kühlschrank gut durchkühlen lassen (mindestens 1 Tag).
Die erstarrte Sulz wird in Scheiben geschnitten, mit feinen Zwiebelringen belegt und mit Essig und Öl serviert.

- *75 dag Schweinskopf (wenig Fleisch am Knochen)*
- *4 Schweinshaxen (ca. 1 kg)*
- *35 dag Schweinsschwarten*
- *20 dag Karotten*
- *1 kleine Sellerieknolle*
- *Salz*
- *Pfefferkörner*
- *Lorbeerblatt*
- *ev. 1 Zwiebel mit Schale*

Griffner Dämpfernes

Die Rindsschnitzel klopfen, salzen und in einer Schüssel mit Kümmel, feinblättrig geschnittenem Knoblauch, Essig und Thymian schichtweise einlegen; über Nacht kühl stehen lassen; am nächsten Tag im eigenen Saft ohne Fett schmoren lassen; erst zum Schluß etwas Fett dazugeben. Ausgekühlt in Scheiben schneiden.

- *80 dag Rindsschnitzel*
- *Kümmel*
- *Knoblauch*
- *1 Spritzer Essig*
- *Thymian*
- *Salz*
- *etwas Fett*

In der Griffner Gegend und im Rosental gibt man Dämpfernes und Bratl am Karsamstag zum Weihfleisch in den Weihkorb und serviert es zur Osterjause.

Topfenaufstrichvariationen

20 dag passierter Topfen
5 dag Butter oder
1/8 l Rahm oder Milch

Geschmackszutaten:
Schnittlauch, fein geschnitten
Kümmel, Senf
Paradeismark, Paprika
Knoblauch
ev. fein gehackte Wurst- und Fleischreste
verschiedenste fein gehackte Kräuter aus dem Garten: Pimpinelle, Kerbel, Petersilie, etwas Liebstöckl, Dill

Den passierten Topfen mit der schaumig gerührten Butter, mit Rahm oder Milch zu einer gut streichfähigen Masse verrühren, mit verschiedenen Geschmackszutaten vermengen und abschmecken.

Liptauer

5 dag Butter
10 dag Gervais
10 dag Topfen
1 KL fein gehackte Zwiebel
1 KL fein gehackter Schnittlauch
Salz, Paprika
Kümmel
Senf

Butter schaumig rühren, mit Gervais, Topfen, Zwiebel und Schnittlauch vermischen, mit den Gewürzen abschmecken.

Sacherkäse

Butter schaumig rühren, mit dem Topfen und der zerdrückten Sardelle, Zwiebel, Senf, Essiggurkerl und Petersilie vermischen, mit Salz und Paprika abschmecken.

- *4 dag Butter*
- *12 dag Topfen*
- *1 hartgekochtes Ei, passiert*
- *1 Sardelle*
- *1 kleine Zwiebel, fein gehackt*
- *Senf*
- *1 KL Öl*
- *1 Essiggurkerl, fein gehackt*
- *Petersilie, fein gehackt*
- *Salz*
- *Paprika*

Pikanter Brotaufstrich

Butter schaumig rühren, Topfen und alle übrigen Zutaten beimengen, abschmecken.

- *5 dag Sardinen, fein geschnitten*
- *5 dag Butter*
- *Salz*
- *1 kleine Zwiebel, fein gehackt*
- *Senf*
- *grüne Petersilie, fein gehackt*
- *25 dag Topfen*

Würztopfen

25 *dag* Topfen
1/8 *l* Süßrahm
Kren
Kümmel
Koriander
1 Zwiebel, fein gehackt
Knoblauch, fein geschnitten und mit Salz zerpreßt
Paprika
Neugewürz
Muskat

Topfen und Süßrahm werden gut verrührt, alle übrigen Zutaten beigemengt und abgeschmeckt.

Topfen mit Mayonnaise

25 *dag* Topfen
2 Essiggurkerln
1/2 grüner Paprika
1/2 roter Paprika
1/2 Zwiebel
1 Bund Petersilie
1 Bund Schnittlauch
1 hartgekochtes Ei

Mayonnaise:
1 Dotter
1/8 *l* Öl
Senf
Salz
Zucker
Zitronensaft

Fein gehackte Zutaten in den Topfen einrühren; für die Mayonnaise Senf, Zucker und Salz in eine Schüssel geben, den Dotter unterrühren und das Öl unter ständigem Rühren einträufeln; mit Zitronensaft abschmecken und mit dem Topfengemisch verrühren.

Karottenaufstrich

Alle Zutaten zusammenrühren und abschmecken.

- 30 dag Topfen
- 10 dag geriebene Karotten
- 1 geriebener Apfel
- Salz
- etwas Milch
- Schnittlauch, fein gehackt

Scharfer Topfen

Alle Zutaten zusammenrühren und abschmecken.

- 25 dag Topfen
- 2 EL Ketchup
- Salz
- Sardellenringerl, gehackt
- Knoblauch, zerdrückt
- 1 roter Paprika, fein geschnitten
- 1 grüner Paprika, fein geschnitten
- 1/2 Zwiebel, fein gehackt

Topfen-Sardinenaufstrich

Alle Zutaten zusammenrühren und abschmecken.

- 12 dag Topfen
- 12 dag Butter
- 2 EL Crème fraîche
- 1 Dose Sardinen in Öl
- 1 Zwiebel, fein gehackt
- 1 hartgekochtes Ei, fein gehackt
- 2 Essiggurkerl
- Salz, Pfeffer, Senf
- Zitronensaft

Rohkost-Topfenaufstrich

20 *dag* Topfen	Topfen mit Milch vermengen, Karotte und Sellerie in die Masse reiben, Salz, fein geschnittene Radieschen, Petersilie und Knoblauch dazugeben; Brote mit Radieschen und Petersilie garnieren.
1 Karotte	
1/4 Sellerieknolle	
1 Bund Radieschen	
1/8 *l* Milch	
1 KL Petersilie, fein gehackt	
Knoblauch	
Salz	

Wurstaufstrich

1 Becher Crème fraîche	Alle Zutaten vermischen; eventuell mit geriebenem Apfel, geriebener Sellerie, geriebenen Karotten oder gehackten grünen Kräutern variieren.
1 hartgekochtes Ei, grob gehackt	
1 EL Zwiebel, fein gehackt	
1 EL Essiggurken, fein gehackt	
Salz, Ingwer, Senf	
3 EL Wurst- oder Bratenreste, fein gehackt	

Schmelzkäseaufstrich

10 *dag* Butter	Butter schaumig rühren, Topfen beimengen; den passierten Schmelzkäse, die fein gewiegten Gewürze, Tomatenmark und etwas Sauerrahm dazugeben, abschmecken, durchziehen lassen. Auf Salzkekse können damit Rosetten gespritzt werden.
20 *dag* Topfen	
3 Eckerln Schmelzkäse	
Kümmel	
Kapern	
Knoblauch	
1 EL Tomatenmark	
etwas Sauerrahm	

Rahm-Käseaufstrich

Butter schaumig rühren, Gervais dazugeben, mit Salz, Kümmel, Schnittlauch würzen und mit Rahm zu einer streichfähigen Masse rühren; die Eier fein hacken, Käse und Paprika feinwürfelig schneiden und unter den Aufstrich mengen, abschmecken.

- 6 *dag* Butter
- 25 *dag* Gervais
- 2 *hartgekochte* Eier
- 1/8 *l* Sauerrahm
- 1 *kleiner grüner* Paprika
- 10 *dag* Stangenkäse
- 2 EL Schnittlauch, *fein geschnitten*
- Salz, Kümmel

Germaufstrich

Die Butter erhitzen, Zwiebel darin goldgelb anlaufen lassen; die zerbröselte Germ hineingeben und zerlaufen lassen; Wasser beimengen und gut verkochen, würzen, erkalten lassen, auf Brote streichen; eventuell mit geriebener Sellerieknolle bestreuen.
Falls der Aufstrich zu dünn ist, gibt man 1-2 EL Semmelbrösel dazu.

- 10 *dag* Germ
- 3 *dag* Butter
- 1 *kleine* Zwiebel, *fein gehackt*
- 2 EL Wasser
- Salz
- Kümmel, *gemahlen*

Lauer

Alle Zutaten in kaltem Wasser zustellen, 30 Minuten kochen und anschließend über Nacht stehen lassen. Den Saft abseihen und in Flaschen abfüllen, gekühlt servieren.

Lauer wird in St. Jakob im Rosental zum Weihfleisch serviert.

Das Obst kann faschiert und mit der gleichen Menge Topfen sowie etwas Zucker vermischt als Nudelfülle verwendet werden (auf Vorrat einfrieren).

- 1 *kg* Kletzen
- 1 *kg getrocknete* Apfelspalten
- 50 *dag* Dörrzwetschken
- 25 *dag* Rosinen
- 25 *dag* Rollgerste, *in einem Beutel vernäht*
- 10 *dag* Süßholz, 10 *dag* Wacholderbeeren, 2 EL Anis, *in ein Gewürzsäckchen gebunden*
- 10 *l* Wasser

Hollersekt

10 *l* Wasser
10 Hollerblütendolden
1 *kg* Feinkristallzucker
1/4 *l* Weinessig (5 %)
2 ungespritzte Zitronen

Die Zitronen waschen und in Scheiben schneiden; die Hollerblüten waschen und in einen Porzellan- oder Steinguttopf schichten, die Zitronenscheiben darauflegen; Wasser mit Zucker und Essig verrühren und darüberschütten; den Topf mit einem Tuch abdecken und in die Sonne stellen; den Inhalt öfter mit einem Holzlöffel umrühren; nach 2-4 Tagen - je nach Wärme des Raumes - setzt die Gärung ein. Den Saft abseihen (am besten durch ein Tuch), in starke Flaschen mit Schraubverschluß füllen und stehend an einem kühlen Ort aufbewahren.
Das Getränk ist nach 8 Tagen ausgereift und zu verwenden.

Melissensirup

4 *kg* Feinkristallzucker
4 ungespritzte Orangen
2 ungespritzte Zitronen
2 *l* Wasser
5 *dag* Zitronensäure
1 große Hand voll frischer Melissenblätter

Die Orangen und Zitronen waschen und in Scheiben schneiden; den Zucker im Wasser unter ständigem Rühren aufkochen, auskühlen und darin Orangen- und Zitronenscheiben und die Melissenblätter gut einrühren; den Sirupansatz 4 Tage zugedeckt stehen lassen; dabei vor allem in den ersten zwei Tagen oft gut umrühren, sonst fällt der Zucker aus; abseihen, in kleine Flaschen abfüllen und gut verschlossen kühl aufbewahren.

Der Sirup wird mit Wasser, Mineralwasser oder Sodawasser verdünnt serviert.

Quittengelee und Quittenkäse

Quitten
Gelierzucker
Kristallzucker

Die Quitten mit einem Tuch sauber abreiben, vierteln, nur von Kelch und Stengeln befreien; die geviertelten Quitten mit Schale und Kernhaus in eine weite Kasserolle geben, knapp mit Wasser bedecken und langsam weichkochen (der Saft muß klar bleiben); abseihen; pro kg Saft 1 kg Gelierzucker beimengen, das Gelee sprudelnd 4-8 Minuten kochen, kochend heiß in Gläser füllen, gleich verschließen.

Quittenkäse:
Nachdem der Saft von den gekochten Quitten abgeseiht worden ist, die Quittenviertel schälen, das Kernhaus entfernen, die Früchte passieren; auf 1 kg Fruchtbrei 1 kg Kristallzucker beimengen; unter ständigem Rühren kleine Mengen (1 kg Fruchtbrei - 1 kg Zucker) bei starker Hitze mindestens 30 Minuten kochen, bis die Masse so dick ist, daß beim Rühren Straßen entstehen; die Masse in eine ausgefettete (bzw. mit Öl bepinselte) Bischofsbrot- oder Rehrückenform füllen, erkalten lassen.

Quittenkäse ist richtig, wenn er so fest ist, daß er sich noch warm vom Rand der Form löst (er muß schnittfest sein).

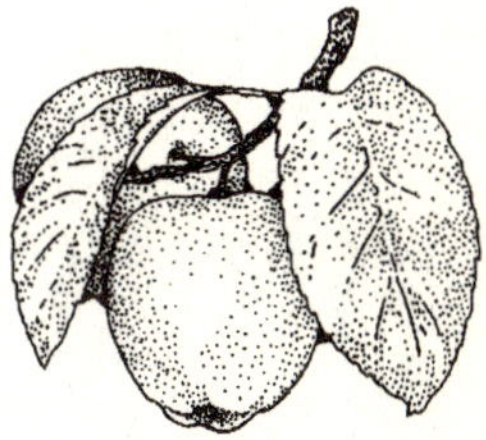

Früher hat man Quittenkäse zur Aufbewahrung in geöltes Pergamentpapier gewickelt, heute friert man ihn portionsweise ein.

Anhang

Milchverarbeitung im bäuerlichen Haushalt

Grundsätzliches

Die Milch ist das sensibelste Grundnahrungsmittel, das wir haben. Bei unrichtiger und ungenauer Behandlung der Milch erhält man Milchprodukte minderwertiger Qualität, die nicht gut schmecken und sich auch schwer oder gar nicht verkaufen lassen.

Um erstklassige Ware zu erzeugen, muß man folgendes beachten:

1. einwandfreie Milch verwenden;
2. peinlichste Sauberkeit beachten;
3. das Herstellungsverfahren der verschiedenen Produkte genauestens einhalten (Temperatur, Mengen usw.).

Sauermilch, die zum Impfen (Säuern) von Frischmilch und Rahm gebraucht wird, nie von der Oberfläche nehmen - dadurch können Fehlsäuerungen entstehen; die oberste Sauermilchschichte abheben und die Milch darunter verwenden.

Ausbeute von 100 l Milch:

- 4 kg Butter
- 6-7,5 kg Käsestoff
- 70 l Molke
- 12 l Buttermilch

Rahmerzeugung und -behandlung

Im bäuerlichen Betrieb wird der Rahm durch Zentrifugieren von der Magermilch getrennt. Die Milch wird entweder kuhwarm zentrifugiert oder vor dem Zentrifugieren unter ständigem Rühren auf 30-37°C erwärmt.

Der Rahm ist nach dem Zentrifugieren sofort auf + 5°C abzukühlen. Falls nicht täglich gebuttert wird, sondern der Rahm zwei bis drei Tage gesammelt wird, darf jeder frische Rahm erst nach der Kühlung zum Rahm der Vortage gegeben werden.

Butterherstellung

Die Säuerung des Rahms kann auf natürliche Art durch Warmstellen erzeugt werden. Bessere Butter erhält man jedoch, wenn man den Rahm unter ständigem Rühren im Wasserbad auf 32°C erwärmt und dann auf 5 l Rahm 1/4 l gute saure Milch beifügt. Man läßt diesen geimpften Rahm ca. 18-24 Stunden unter mehrmaligem Umrühren bei normaler Raumtemperatur reifen. Zwölf Stunden vor dem Buttern darf kein frischer Rahm mehr zugesetzt werden. Der Rahm ist reif, wenn er schwach sauer schmeckt und dick vom Löffel läuft.

Holzbutterfässer und alle zur Verarbeitung gebrauchten Holzgeräte wie Buttermodeln, Spateln und Bretter müssen vor jedem Gebrauch mit mindestens 90°C heißem Wasser überbrüht und dann einige Stunden in kaltes Wasser gelegt werden.

Den Butterkübel füllt man nach dem Ausschwenken mit kochendem Wasser, bis zur Benützung mit kaltem Wasser.

Nach dem Butterrühren werden die Geräte mit heißem Wasser und einem zugelassenen Reinigungs- oder Desinfektionsmittel gründlich gereinigt, warm und kalt geschwemmt und luftig aufbewahrt.

Zwei Stunden vor dem Buttern muß der Rahm auf die richtige Temperatur von 12-18°C gebracht werden, indem man das Rahmgefäß in heißes oder kaltes Wasser setzt.

Die Temperatur steigt während des Butterns um 2-3°C, darum ist im Sommer die niedrigere Temperatur zu wählen.

Die Herstellungszeit hängt vom Fettgehalt des Rahms und vom Wirkungsgrad des Butterfasses ab.

Das Butterfaß wird bis zur Hälfte mit Rahm gefüllt. Das Buttern geschieht durch gleichmäßiges Drehen oder Stampfen, wobei Pausen zu vermeiden sind. Man hört mit dem Buttern auf, wenn die Butterklümpchen Erbsengröße erreicht haben, meist nach ca. 30-40 Minuten. Nun wird die Buttermilch abgeseiht und die Butter mit sauberem, kaltem Wasser im geschlossenen Gefäß geschwemmt. Dieser Vorgang wird wiederholt, bis das Wasser klar ist. Nun drückt man mit Handspateln das Wasser aus der Butter, wobei nicht zu lange geknetet werden darf, damit die Butter nicht schmierig wird.

Die Butter wird portioniert, geformt und kühl und dunkel gelagert. Für 1 kg Butter rechnet man durchschnittlich einen Bedarf von 3,5 l Rahm.

Sauermilchbereitung

Auf 10 l Milch, die man unter gleichmäßigem Umrühren auf 32°C erwärmt hat, gibt man 1/2 l gute Sauermilch. Man rührt gut um und stellt die Milch bei Raumtemperatur auf. Die Sauermilch ist nach 18-32 Stunden fertig.

Joghurtbereitung

Die Milch unter ständigem Rühren kurz aufkochen, auf 40-45°C abkühlen, auf 5 l Milch einen Becher Joghurt mit dem Schneebesen gut unterrühren, das Joghurt in Gläser abfüllen, diese in einer Wanne in ein Wasserbad von 50°C stellen, die Wanne in das auf 45°C vorgewärmte Backrohr schieben und das Joghurt darin 3-4 Stunden bei gleichbleibender Temperatur reifen lassen.

Topfen- und Käsebereitung

Topfenbereitung:

Sauermilch in einem Topf in ein heißes Wasserbad stellen und unter ständigem, langsamen Rühren je nach gewünschter Topfenfestigkeit erwärmen; das Gefäß nun aus dem Wasserbad nehmen, die Topfenmasse zusammensitzen lassen, dann vorsichtig in ein grobmaschiges Tuch seihen; den Topfen im aufgehängten Tuch maximal 4-6 Stunden abtropfen lassen (eine längere Abtropfdauer ist lebensmittelpolizeilich nicht gestattet).

- Weicher Topfen: auf 32°C erwärmen - geeignet für Brotaufstriche.
- Fester Topfen: auf 36°C erwärmen - geeignet zum Kochen und für Brotaufstriche.
- Trockener Topfen: auf 44°C erwärmen - geeignet zur Herstellung von Gelundenem Käse.

Gelundener Käse:

Den trockenen Topfen unter Zugabe von Kümmel an einem warmen Ort einige Tage (hängt von der Raumtemperatur ab) stehen lassen, bis er gelb und glasig ist und einen kräftigen Geruch hat; einmal täglich umrühren.

Die Reifung eventuell durch den Zusatz von Natron (1 Messerspitze auf 2 kg Topfen) beschleunigen; pro 1 kg Topfen 12 dag Butter in einem weiten Kochtopf zergehen lassen, den Topfen beifügen und bei milder Hitze rühren, bis die Masse flüssig ist; salzen und eine Handvoll frischen, trockenen Topfen unterbröseln; die Masse in eine befettete Form gießen und auskühlen lassen.

Labkäse (nach Waltraud Nau, Hafenberg):

Für die benötigte Milchmenge je zur Hälfte gekühlte Abendmilch und ungekühlte Frühmilch nehmen; mischen und auf 32°C erwärmen; auf 100 l Milch 1 gestrichenen Meßlöffel Lab (den Meßlöffel bekommt man mit dem Lab geliefert) in einer halben Tasse kaltem Wasser anrühren, mit der Milch verrühren, 30 Minuten eindicken lassen, eventuell Geschmackszutaten wie Kümmel oder Pfeffer beimengen; die eingedickte Milch (Bruch) bis zum Boden in 1 cm^2 Stücke schneiden (bei großen Mengen mit einer sogenannten Käseharfe), abwarten, bis sich die Molke vom Bruch trennt und dann den Bruch solange mit der Schneerute oder der Harfe vorsichtig zerkleinern, bis die einzelnen Teile Erbsengröße erreicht haben (= verziehen); nachwärmen auf 38°C, eine Stunden unter mehrmaligem vorsichtigem Umrühren und Beibehaltung der Temperatur stehen lassen (kleine Mengen im Wasserbad!); die perforierten Käseformen in heißem Wasser anwärmen, mit einem nassen Käsetuch auslegen und den Bruch einfüllen; den Käsestoff in die Form pressen und mit Deckel und Gewicht 1 Stunde beschweren; danach wenden und wieder in der Form nochmals 1 Stunde pressen; den Käse aus der Form und dem Tuch nehmen, trocken mit grobem Salz einreiben und in Tuch und Form wieder beschweren; nach 24 Stunden aus der Form nehmen und in einem fliegenfreien, geruchsfreien, kühlen Raum bei 6-10°C auf einem Holzbrett ca. 6 Wochen reifen lassen; jeden 2. Tag mit 3%iger Salzlösung abwaschen und wenden.

Zur problemloseren, besseren Reifung kann man 10 dag Jerome-Käse ohne Rinde und Wachs klein schneiden, in der 3%igen Salzlösung aufweichen und nur beim ersten Waschen verwenden!

Käselaibchen aus Labmolke:

32 l Labmolke exakt auf 90°C erhitzen, vom Herd nehmen; 1/4 l 6%igen Essig unterrühren und warten, bis der Topfen ausflockt; die Masse vorsichtig in ein grobes Tuch seihen und abtropfen lassen; aus dem Topfen kleine Laibchen formen, die man frisch servieren oder kurz selchen (räuchern) kann. Der Topfen soll nach dem Abtropfen porzellanartig glänzen. Statt des Essigs kann auch 1/8 l Essigessenz verwendet werden.

Alphabetisches Rezeptverzeichnis

F

G

H

I/J

K

T

U

V

W

Z

BÄUERINNEN KOCHEN

Einfach gute Rezepte

Spezialitäten der regionalen Küche

Die Rezepte in diesen Kochbüchern – alle gesammelt von Bäuerinnen der jeweiligen Region und aufbereitet von erfahrenen Köchinnen – spiegeln appetitanregend den Reichtum der regionalen Kochkunst wider. In ihrer Vielfalt findet jeder Gaumen seine Gustostückerln.

Tirol – 3. Auflage

Maria Gschwentner
Tiroler Bäuerinnen kochen – Einfach gute Rezepte
208 Seiten, mit Farbabbildungen; öS 248,-/DM 36,-/sfr 36,-; ISBN 3-900521-23-9

Vorarlberg – 2. Auflage

Rosa Beer und Regina Schwärzler
Vorarlberger Bäuerinnen kochen – Einfach gute Rezepte
208 Seiten, mit Farbabbildungen; öS 248,-/DM 36,-/sfr 36,-; ISBN 3-900521-18-2

Südtirol – 2. Auflage

Karin Longariva
Südtiroler Bäuerinnen kochen – Einfach gute Rezepte
208 Seiten, mit Farbabbildungen; öS 248,-/DM 36,-/sfr 36,-; ISBN 3-7066-2105-3

Steiermark

Resi Hollerer/Grete Kulmer/Gertrud Theußl
Steirische Bäuerinnen kochen – Einfach gute Rezepte
176 Seiten, mit Farbabbildungen; öS 248,-/DM 36,-/sfr 36,-ISBN 3-7066-2106-1

Oberösterreich

herausgegeben von der Landwirtschaftskammer für Öberösterreich
Oberösterreichische Bäuerinnen kochen – Einfach gute Rezepte
208 Seiten, mit Farbabbildungen; öS 248,-/DM 36,-/sfr 36,-ISBN 3-7066-2112-6

Köstliche Gerichte

Rezepte, die nicht überall zu finden sind. Gesammelt und zusammengestellt von Autorinnen und Autoren, die mit den Besonderheiten und Traditionen der Küche ihrer Region bestens vertraut sind. Jeweils ein Thema mit vielen leckeren Variationen. Zum Sammeln, ein ideales Mitbringsel zu Einladungen, als Dank für ein gelungenes Essen und natürlich für die eigene Küche.

Brot

Christian Ruetz
Brot: Köstliche Gerichte
96 Seiten, mit Farbabbildungen
öS 98,-/DM 14,-/sfr 14,-; ISBN 3-7066-2116-9

Beeren

Martin und Martina Mair
Beeren: Köstliche Gerichte
88 Seiten, mit Farbabbildungen
öS 98,-/DM 14,-/sfr 14,-; ISBN 3-7066-2115-0

Äpfel

Resi Hollerer
Äpfel: Köstliche Gerichte
88 Seiten, mit Farbabbildungen
öS 98,-/DM 14,-/sfr 14,-; ISBN 3-7066-2107-X – 2. Auflage

Erdäpfel

Erika Jandl und Karoline Pilgram
Erdäpfel: Köstliche Gerichte
88 Seiten, mit Farbabbildungen
öS 98,-/DM 14,-/sfr 14,-, ISBN 3-7066-2109-6 – 2. Auflage

Käse

Sabine Heinzle und Regina Schwärzler
Käse: Köstliche Gerichte
88 Seiten, mit Farbabbildungen
öS 98,-/DM 14,-/sfr 14,-; ISBN 3-7066-2108-8 – 2. Auflage